육갑전서

김진천 감수
박일현 편찬

동양서적

목 차

제1장 천간지지 및 육십갑자 ·· 7
- 一, 육갑법과 기본지식 ·· 7
  1. 천간과 지지 ··· 7
  2. 육십갑자 ·· 7

제2장 음양오행 ··· 8
- 一, 음양 ·· 8
  1. 음양의 소속 ··· 8
- 二, 오행 ·· 9
  1. 오행과 상생상극 ··· 9
  2. 오행의 소속 ··· 9
  3. 오행의 왕쇠 ··· 9
- 三, 이십사절 ·· 13

제3장 각종 합충과 각종 신살 ·· 14
- 一, 상합상충 ·· 14
- 二, 신살 ·· 15

제4장 십이천성 ··· 15
- 一, 12지와 신 ··· 15
- 二, 각 별들의 작용 ·· 16

제5장 각종 신살과 작용 ··· 21
- 一, 각종 신살의 작용 ·· 21
- 二, 각별들의 작용 ·· 36
- 三, 12지에 따른 귀신 ·· 46

제6장 연월일시의 길흉 ·· 49
- 一, 생년 ·· 49
- 二, 생월 ·· 56
- 三, 생일 ·· 60
- 四, 생시 ·· 61
- 五, 각종 관살 ··· 63

제 7 장 육친궁과 수명궁 흉화궁 길복궁 ·································· 66
　一, 형제궁 ·· 66
　二, 부부궁 ·· 68
　三, 자식궁 ·· 70
　四, 직업궁 ·· 73
　五, 수명궁 ·· 76
　六, 흉화액궁 ·· 78
　七, 길복궁 ·· 80
　八, 유년궁 ·· 83
제 8 장 래정법 ··· 89
　一, 래정법 ·· 89
　二, 육임 단시점 ··· 93
　三, 윷괘점 ··· 101
　四, 9성군 행년 예방법 ··· 105
　五, 기도일 조견표 ·· 107
　六, 십제일 대왕 보는법 ··· 109
　七, 이사 방위표 ··· 110
　八, 단시점 ··· 112
　九, 유년 행운 보는 법 ··· 113
제 9 장 이사 및 방위유년길흉법(택일문) ································ 118
　一, 이사방위 ··· 118
　二, 9궁변화 ·· 125
　三, 납음오행 궁합법 ··· 135
　四, 생월 궁합 ··· 137
제10장 각종 부정살 ·· 138
제11장 의례서식 ··· 143
　一, 부보금 ··· 143
　1. **혼례축의금** ·· 143
　2. **장례조의금** ·· 144
　3. **회갑축의금** ·· 145

二, 혼례서식 ··· 145
  1. 사주서식 ·· 145
  2. 연길서식 ·· 145
  3. 납폐서식 ·· 147
三, 장례서식 ··· 149
  1. 치장 제축문 ··· 149
四, 제사와 차례 ··· 153
  1. 제례 절차 ··· 150
  2. 지방서식 ·· 150
  3. 기제일 축문 ··· 152
五, 비문 ··· 158
六, 상량서식 ··· 160
七, 친족계촌도 ·· 161

편자 : 박 일현

현 : 현광선원장
일현역림회본부장

서울특별시종로구창성동 122의 2
전화 737-3678

제1장 천간지지 및 육십갑자

一. 육갑법(六甲法)의 기본 지식

학술적으로 사주·궁합·택일·점·이름등의 길흉화복을 판단하려면 아무리 쉬운 방법으로 배우려 해도 우선적으로 육갑법을 숙달이 되도록 공부한 뒤에라야 여러가지 방법을 보고 이해할 수 있다. 육갑법이란 천간이 무엇이고 지지가 무엇이며 천간과 지지가 어떻게 작용하는가에 대하여 설명한다.

1. 천간(天干)과 지지(地支)

천간은 열가지로 되었다해서 십간(十干)이라고도 하고, 지지는 열두가지로 되었다해서 십이지(十二支)라고도 한다. 아래와 같다.

천간 갑 을 병 정 무 기 경 신 임 계
天干 甲 乙 丙 丁 戊 己 庚 辛 壬 癸
지지 자 축 인 묘 진 사 오 미 신 유 술 해
地支 子 丑 寅 卯 辰 巳 午 未 申 酉 戌 亥

천간과 지지에는 각각 음(陰)과 양(陽)으로 구분되어 있다
천간의 甲 丙 戊 庚 壬은 양에 속하고
　　　乙 丁 己 辛 癸는 음에 속한다.
지지의 子 寅 辰 午 申 戌은 양에 속하고
　　　丑 卯 巳 未 酉 亥는 음에 속한다.

2. 육십갑자(六十甲子)

열개의 천간과 열두개의 지지가 각각 위 아래로 짝을 지으면 예순가지가 되는데 이를 六十甲子라 한다. 단, 양에 속하는 천간은 양에 속하는 지지와 짝이 되고, 음에 속하는 천간은 음에 속하는 지지와 짝이 되었다

천간은 하늘을 상징하여 위에 있고, 지지는 땅을 상징하여 아래에 있다. 그리고 천간은 남자에 해당되고 지지는 여자에 해당된다.

갑자 을축 병인 정묘 무진 기사 경오 신미 임신 계유
甲子 乙丑 丙寅 丁卯 戊辰 己巳 庚午 辛未 壬申 癸酉
갑술 을해 병자 정축 무인 기묘 경진 신사 임오 계미
甲戌 乙亥 丙子 丁丑 戊寅 己卯 庚辰 辛巳 壬午 癸未

갑신	을유	병술	정해	무자	기축	경인	신묘	임진	계사
甲申	乙酉	丙戌	丁亥	戊子	己丑	庚寅	辛卯	壬辰	癸巳
갑오	을미	병신	정유	무술	기해	경자	신축	임인	계묘
甲午	乙未	丙申	丁酉	戊戌	己亥	庚子	辛丑	壬寅	癸卯
갑진	을사	병오	정미	무신	기유	경술	신해	임자	계축
甲辰	乙巳	丙午	丁未	戊申	己酉	庚戌	辛亥	壬子	癸丑
갑인	을묘	병진	정사	무오	기미	경신	신유	임술	계해
甲寅	乙卯	丙辰	丁巳	戊午	己未	庚申	辛酉	壬戌	癸亥

제2장 음양오행

一. 음양

　음양(陰陽)이란 글자 그대로 음성(陰性)과 양성(陽性)인데 천지 만물 만사에는 음양으로 되어 있지 않은 것이 없으니 이 음양의 조화로 인하여 만물이 생성(生成)되어 있으므로 심지어 미물 곤충에 이르기 까지 음양성이 아니면 생겨날 수 없고 하찮은 성냥개비 한개라도 이 음양의 원리에 부합되지 않으면 만들어질 수가 없다. 즉, 만물 만사가 양성하나만으로 존속될 수 없고 음성하나만으로 생성될 수 없으매 반드시 음양 두가지의 절대적 요소가 구비되어야 함은 거듭 말할 필요가 없다.

　하늘은 양이오 땅은 음이니 여기에서 이미 음양의 높고 낮은 도(道)가 정리되었다. 따라서 높은 것은 양이오 낮은 것은 음이다. 해(日)는 양이오 달(月)은 음이니 이에 낮은 양이오 밤은 음이며 밝은 것은 양이오 어두운 것은 음이다. 남자는 양이오 여자는 음이니 만물의 수컷은 모두 양에 속하고 암컷은 모두 음에 속한다. 더운 것은 양이오 추운 것은 음이니 불은 양이오 물은 음이며, 봄 여름은 양이오 가을 겨울은 음이다. 양의 성질은 동적이오 급하고 강건하고 외향적인 반면에 음의 성질은 정적이오 느리고 유순하고 내향적이다.

　그 외의 음양 구분은 다음을 보라.

양 길다 마르다 착하다 뾰족하다 희다 걸끄럽다 건조하다 부귀길복 크다
음 짧다 살찌다 악하다 오목하다 검다 미끄럽다 습하다 빈천흉화 작다

1. 음양의 소속

　위에서는 만물 만사에 대한 형태의 음양 구분을 간단히 설명하였고 여기에서는 운명학상 공부에 필요로 하는 점만을 분류한다. 음양은 심지어 글자 하

나 하나에도 구분되어 있는바 천간과 지지가 모두 음양으로 구분되고 숫자에
도 역시 음양으로 구분되어 있다.

- 천간음양　甲　乙　丙　丁　戊　巳　庚　辛　壬　癸
　　　　　　양　음　양　음　양　음　양　음　양　음
- 지지음양　子　丑　寅　卯　辰　巳　午　未　申　酉　戌　亥
　　　　　　양　음　양　음　양　음　양　음　양　음　양　음

　천간 甲丙戊庚壬은 양이오 乙丁巳辛癸는 음이며, 지지 子寅辰午申戌은 양이
오 丑卯巳未酉亥는 음이다.

- 숫자음양　一　二　三　四　五　六　七　八　九　十
　　　　　　양　음　양　음　양　음　양　음　양　음

　一三五七九의 홀수는 모두 양수라 하고 二四六八十의 짝수는 모두 음수라
한다. 숫자가 십단위 백단위 천단위를 막론하고 그 끝자리 숫자가 홀수이면
양이 되고 짝수이면 음이 된다.

二. 오　행(五行)

　천지만물에 음양의 구분이 있듯이 또한 오행(五行)이란 오기(五氣)가 있다.
음양이 순환하고 오행이 생(生)하여 나감으로써 만물이 생장하고 만일 음양이 조
화되지 못하거나 오행이 상극(相克)하여 중화(中和)되지 못하면 만물이 생장하지
못하고 사멸(死滅)해 버린다. 이러한 원리를 적용하여 인간의 길흉화복을 추리
판단하는 학문이 바로 음양오행을 바탕으로하는 운명학이며 인간만사 즉 각종
택일, 음택, 양택이며 사주, 궁합, 성명에 이르기까지 이 범위에서 벗어나지 않는
다.

1. 오행과 상생 상극

- 오행(五行) = 木(목)·火(화)·土(토)·金(금)·水(수)

　나무(木)·불(火)·흙(土)·쇠(金)·물(水)·다섯가지를 오행이라 한다.

- 상생(相生) = 木生火　火生土　土生金　金生水　水生木
　　　　　　　목생화　화생토　토생금　금생수　수생목

　나무는 불을 생하고, 불은 흙을 생하고, 흙은 쇠를 생하고, 쇠는 물을 생하
고 물은 나무를 생한다. 또는 木火가 상생관계요, 火土가 상생관계요, 土金이
상생관계요 金水가 상생관계요, 水木이 상생관계다.

- 상극(相克) = 木克土　土克水　水克火　火克金　金克木
　　　　　　　목극토　토극수　수극화　화극금　금극목

나무는 흙을 이기고, 흙은 물을 이기고, 물은 불을 이기고, 불은 쇠를 이기고 쇠는 나무를 이긴다. 또는 木土가 상극이오, 土水가 상극이오, 水火가 상극이오 火金이 상극이오, 金木이 상극관계다.

○ 木은 水의 생을 받고 火를 생해주며 金의 극을 받고 土를 극한다.
○ 火는 木의 생을 받고 土를 생해주며 水의 극을 받고 金을 극한다.
○ 土는 火의 생을 받고 金을 생해주며 木의 극을 받고 水를 극한다.
○ 金은 土의 생을 받고 水를 생해주며 火의 극을 받고 木을 극한다.
○ 水는 金의 생을 받고 木을 생해주며 土의 극을 받고 火를 극한다.

2. 오행의 소속

오행은 천간 지지·수·방위·색·절기 등 모든 분야에 소속되어 있다.

- 정오행(正五行)＝甲乙寅卯―木 丙丁巳午―火 戊己辰戌丑未―土
  　　　　　　　庚辛申酉―金 壬癸亥子―水

이를 음양으로 구분하면 다음과 같다.

甲寅―양목 乙卯―음목 丙午―양화 丁巳―음화 戊辰戌―양토
己丑未―음토 庚申―양금 辛酉―음금 壬子―양수 癸亥―음수

- 간합오행(干合五行)은 아래와 같다.

甲己合―土 乙庚合―金 丙辛合―水 丁壬合―木 戊癸合―火

천간 甲己가 만나면 합화하여 오행은 土가 되고, 乙庚이 만나면 金이 되고, 丙辛이 만나면 水가 되고, 丁壬이 만나면 木이 되고, 戊癸가 만나면 합화하여 오행은 火가 된다.

- 삼합오행(三合五行)＝지지가 삼합을 만나면 다른 오행으로 변화한다.

申子辰合―水 巳酉丑合―金 寅午戌合―火 亥卯未合―木

지지 申子辰이 만나면 합화하여 오행은 水가 되고, 巳酉丑이 만나면 金이 되고, 寅午戌이 만나면 火가 되고, 亥卯未가 만나면 木이 된다.

- 육합오행(六合五行)＝지지는 또 다른 지끼리 육합을 이루면 다른 오행이 된다.

子丑合―土 寅亥合―木 卯戌合―火 辰酉合―金 巳申合―水 午未合.

子丑이 만나 합하면 오행은 土가 되고, 寅亥가 만나면 木이 되고, 卯戌이 만나면 火가 되고, 辰酉가 만나면 金이 되고, 巳申이 만나면 水가 되고, 단 午未가 만나면 합은 이루지만 오행은 변하지 않는다.

- 육십갑자 납음오행(六十甲子納音五行)＝육십갑자에 각각 매인 오행이다.

    갑자·을축―해중金   병인·정묘―노중火   무진·기사―대림木
    경오·신미―노방土   임신·계유―검봉金   갑술·을해―산두火
    병자·정축―간하水   무인·기묘―성두土   경진·신사―백납金
    임오·계미―양류木   갑신·을유―천중水   병술·정해―옥상土
    무자·기축―벽력火   경인·신묘―송백木   임진·계사―장류水
    갑오·을미―사중金   병신·정유―산하火   무술·기해―평지木
    경자·신축―벽상土   임인·계묘―금박金   갑진·을사―복등火
    병오·정미―천하水   무신·기유―대역土   경술·신해―차천金
    임자·계축―상자木   갑인·을묘―대계水   병진·정사―사중土
    무오·기미―천상火   경신·신유―석류木   임술·계해―대해水

- 수리오행(數理五行)＝기본수 一에서 十까지 오행이 매어 있는바 아래와 같다.

    一六수(水) 二七화(火) 三八목(木) 四九금(金) 五十토(土)

    一은 양水요 六은 음水다. 二는 음火요 七은 양火다. 三은 양木이오 八은 음木이다. 四는 음金이오 九는 양金이다. 五는 양土요 十은 음土다.

    一水는 壬子와 같고 六水는 癸亥와 같다. 二火는 丁巳의 음火요 七은 丙午와 같다. 三은 甲寅木이오 八은 乙卯木이다. 四는 辛酉金이오 九는 庚申金이다. 五는 戊辰戌土요 十은 己丑未 土다. 그러므로

    甲乙三八木 丙丁二七火 戊己五十土 庚辛四九金 壬癸一六水
    寅卯三八木 巳午二七火 辰戌丑未五十土 申酉四九金 亥子一六水라 한다.

- 오행의 방위는 다음과 같다.

    동방―木 남방―火 중앙―土 서방―金 북방―水

    그러므로 甲乙―東方木 丙丁―南方火 戊己―中央土 庚辛―西方金 壬癸―北方水 寅卯辰―東方木 巳午未―南方火 申酉戌―西方金 亥子丑―北方水

- 사시오행(四時五行)＝사시란 봄(春)·여름(夏)·가을(秋)·겨울(冬)이다.

    봄(正二三月)―木, 여름(四五六月)―火, 가을(七八九月)―金, 겨울(十 十一十二月)―水

    그러므로 봄을 목왕절(木旺節), 여름을 화왕절(火旺節), 가을을 금왕절(金旺節), 겨울을 수왕절(水旺節)이라 한다.

또는 正二月(寅卯)은 木, 四五月(巳午)은 火, 七八月(申酉)은 金, 十十一月(亥子)은 水, 三六九十二月(辰未戌丑)은 土가 된다.

- 색오행(色五行)＝빛깔에는 청(青)·적(赤)·황(黃)·백(白)·흑(黑)을 오색(五色)이라하는대 각각 오행으로 구분되어 있다.

  청(青)－木 적(赤)－火 황(黃)－土 백(白)－金 흑(黑)－水

  청색은 甲乙東方의 木이오, 적색은 丙丁南方의 火요 황색은 戊己中央의 土요, 백색은 庚辛西方의 金이오, 흑색은 壬癸北方의 水다.

- 육신(六神)에 속하는 오행은 다음과 같다.

  청룡(青龍)－木 주작(朱雀)－火 구진(句陳)－土, 등사(騰蛇)－土 백호(白虎)－金 현무(玄武)－水

  甲乙은 동방이오 청룡이오 木이다. 丙丁은 남방이오 주작이오 火다. 戊己는 중앙이오 구진·등사요 土다. 庚辛은 서방이오 백호요 金이다. 壬癸는 북방이오 현무요 水다.

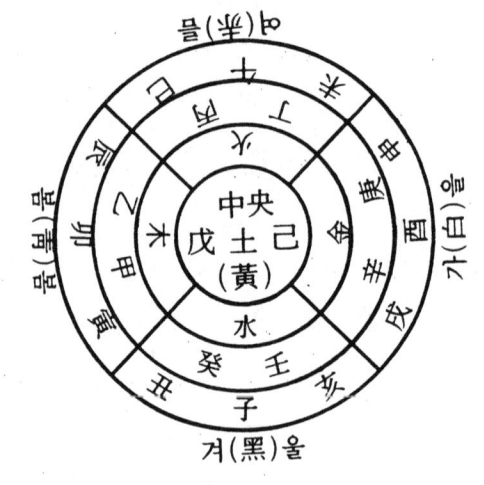

오행총국

木＝甲乙寅卯, 三八 동방 청색 木
火＝丙丁巳午, 二七 남방 적색 火
土＝戊己辰戌丑未 五十 중앙 사고(四庫) 황색 土, 戊己는 중앙, 辰戌丑未는 사고(四庫)
金＝庚辛申酉 四九 서방 백색 金
水＝壬癸亥子 一六 북방흑색 水

3. 오행의 왕쇠(旺衰)

왕(旺)이란 그 오행의 힘(세력)이 강성함을 말하고 쇠(衰)란 그 오행의 힘이 미약한 것을 말한다. 초보자의 입장으로는 이해가 어렵겠으며 또 본 책자에서는 직접적으로 적용되는 경우가 별로 없으나 이 학문의 심오한 공부(즉 次元 높은 단계)에 들어가자면 필히 상식적으로 알아두어야 하겠기에 간단히 설명해 두는 바이다.

오행은 같은 오행이 되는 때(가령 木이 寅卯木月을 만남)를 만나면 그 힘이 가장 왕해지고, 오행을 생해주는 때(가령 木이 亥子水月을 만나면 水生木으로 木이 생을 받음)를 만나면 그다음으로 왕하다.

오행이 극(克)을 받는 때(가령 木이 申酉金月을 만나면 金克木으로 木이 金

의 극을 받음)를 만나면 가장 힘이 쇠약해지고, 오행이 생해주는 때(가령 木이 巳午火月을 만나면 木生火로 木의 기운이 火로 빠져나간다)를 만나거나 그 오행이 극하는 때(가령 木이 戌未土月을 만나면 木克土가 되어 木의 힘이 土를 누르느라고 빠지고 만다)를 만나면 다음으로 쇠약해진다.

이 외 火土金水도 木의 예와 마찬가지로 그 달(때)의 생극 비화(比和 — 가령 水가 水를 만난 것) 관계를 따져 그 오행이 왕한가 쇠한가를 가늠한다.

三. 이십사절(二十四節)

이십사절이란 입춘 우수 경칩 춘분 등과 같은 절기와 중기를 말하는데 일개월에 절기와 중기가 둘이 있으므로 일년 열두달이니 이십사절기가 된다. 이십사절이 소속된 달은 다음과 같다.

정월   입춘 — 正月의 절기(이날부터 正月)
       우수 — 正月의 중기

二 月   경칩 — 二月의 절기(이날부터 二月)
       춘분 — 二月의 중기

三 月   청명 — 三月의 절기(이날부터 三月)
       곡우 — 三月의 중기

四 月   입하 — 四月의 절기(이날부터 四月)
       소만 — 四月의 중기

五 月   망종 — 五月의 절기(이날부터 五月)
       하지 — 五月의 중기

六 月   소서 — 六月의 절기(이날부터 六月)
       대서 — 六月의 중기

七 月   입추 — 七月의 절기(이날부터 七月)
       처서 — 七月의 중기

八 月   백로 — 八月의 절기(이날부터 八月)
       춘분 — 八月의 중기

九 月   한로 — 九月의 절기(이날부터 九月)
       상강 — 九月의 중기

十 月   입동 — 十月의 절기(이날부터 十月)
       소설 — 十月의 중기

十一月 대설－十一月의 절기(이날부터 十一月)
동지－十一月의 중기

十二月 소한－十二月의 절기(이날부터 十二月)
대한－十二月의 중기

제3장 각종합과 각종 신살

一. 상합 상충

천간합－서로 친하여 화합한다.
갑기합토(중정지합)－존경받고 매사에 적극적이다.
을경합금(인의지합)－강인한 성품이다.
병신합수(위엄지합)－위엄은 있으나 비굴하다.
정임합목(인수지합)－감정에 흐르기 쉽다.
무계합화(무정지합)－용모는 아름다우나 매정하다.
삼합 및 육합－서로 친하여 화합한다.
삼합－궁합과 타인과의 융화관계를 본다. 두자만 있어도 합으로 본다.
      신.자.진(합수)　사.유.축(합금)
      인.오.술(합화)　해.묘.미(합목)
육합－자축합토　　인해합목　　묘술합화
     진유합금　　사신합수　　오미합화
형.충.파.해－서로 상극 불화하여 나쁜 살이다.
  형: 인사신(지세지형): 자기 힘을 과신한다.
                  관재, 수술, 이별 등 좋지 않다.
  축술미(무은지형) : 은혜를 원수로 갚는다
  자　묘(무례지형) : 예의를 무시하고 남에게 불쾌감을 준다.
자형: 진진. 오오. 유유. 해해
  자형이 있는 자는 대개 자주독립심이 약하고 게으르며 싫증을 빨리 느낀다. 처음에는 열심히 하나 뒤에는 흐지부지하여 끝맺음이 좋지 않다.
  상충 : 자오상충 축미상충(형도된다) 인신상충(형도된다)
      묘유상충　진술상충　사해상충
  변동, 이동, 살상등을 나타내는 의미가 있다.

상파 : 자유상파 오묘상파 신사상파(형도된다), 인해상파(처음은 합이되고
    나중에 파한다), 진축상파(형도된다) 술미상파.
이별, 침해 등을 암시하는 의미가 있다.
상해 : 자미상해, 축오상해, 인사상해(형도된다)
    묘진상해, 신해상해, 유술 상해.
질병이나 침해 받는다는 의미가 있다.

천간합	갑기 합 토	을경 합 금	병신 합 수
	정임 합 목	무계 합 화	
지지 삼합	신자진 — 수	인오술 — 화	
	사유축 — 금	해묘미 — 목	
육합	자축 — 토	인해 — 목	묘술 화
	진유 — 금	사신 — 수	오미 화
삼형	인—사—신 축—술—미 자—묘		
자형	진—진 오—오 유—유 해—해		
상충	자—오 축—미 인—신 묘—유 진—술 사—해		
상파	자—유 오—묘 신—사 인—해 진—축 술—미		
상해	자—미 축—오 인—사 묘—진 신—해 유—술		

二, 신 살

12신살

12 살	신자진	인오술	사유축	해묘미
겁 살	사	해	인	신
재 살	오	자	묘	유
천 살	미	축	진	술
지 살	신	인	사	해
년 살	유	묘	오	사
월 살	술	진	미	축
망 신 살	해	사	신	인
장 성 살	자	오	유	묘
반 안 살	축	미	술	진
역 마 살	인	신	해	사
육 해 살	묘	유	자	오
화 개 살	진	술	축	미

기타신살

제살	자	축	인	묘	진	사	오	미	신	유	술	해
원진	미	오	유	신	해	술	축	자	묘	인	사	진
귀문관	유	오	미	신	해	술	축	인	묘	자	시	진
상문	인	묘	진	사	오	미	신	유	술	해	자	축
조객	술	해	자	축	인	묘	진	사	오	미	신	유

겁살 : 겁살은 권리, 정조, 재물, 지위, 건강 등을 빼앗기는 것이므로 실권, 폭행, 실물, 도적, 실직, 질병 등으로 본다. 여러 가지 재앙이 많다.

재살 : 일명 수옥살이라고도 하며 관재. 소송, 납치, 감금당하거나 육신이 해를 입어 불구되는 수도 있다.

천살 : 천재로 보므로 하늘의 재앙, 집안에서는 부친 또는 정신적으로 의지할 사람의 재앙이요, 중심이 흔들리고 부선망으로 본다.

지살 : 지변 즉 땅의 재앙이요 집안에서는 모친의 재앙이니 모친으로부터의 이별 또는 재앙이고 고향, 고국, 모태로부터 떠나간다는 의미가 있다.

연살 : 일명 도화, 함지라고도 하며 색정에 빠지는 살이며 이성의 유혹을 받고 재산탕진도 있고 가정파탄을 겪어보는 살이다.

월살 : 일명 고초살이라고도 하며 말라 비틀어져 싹이 나지 않는다는 뜻이니 몸이 마르고 일의 결과가 없어 허사가 되며 무당이 되어 본다.

망신 : 첫발을 내딛는 초년생으로 실수가 많고 외도나 비행으로 비난을 받는다.

장성 : 문무 겸전하여 일찍 벼슬하여 권력을 쥐어보거나 우두머리가 되며 겁살이 없으면 너무 고집이 세어 부부이별 수가 있다.

반안 : 높은 의자에 앉아 본다는 뜻으로 벼슬한다는 뜻도 있고 말에 안장을 얹어 떠날 준비를 하는 뜻으로도 본다.

역마 : 떠나는 것. 말을 탄 상이니 이사, 여행, 변동, 출상의 일이 아니면 항상 분주히 돌아다니며 살고 활동력은 좋다.

육해 : 육친의 덕도 없고 몸이 허약하여 병이 떠나지 않고 일에도 장애가 많다.

화개 : 묘속에 들어 앉아서 연구하고 사색하며 은둔하는 상이니 총명하고 재주 많아서 예술에도 소질이 있으며 승도나 절을 좋아하는 살이다. 이 살이 있으면 태어날 때 탯줄을 목에 걸고 태어나니 팔아주면 좋다.

원진

    자미, 축오, 인유, 묘신, 진해, 사술

    원진은 싸우고 난 뒤에 서로 미워하며 등지고 사는 원리로, 궁합에서 제일 꺼리며 시기, 질투, 불만 등이 많다. 주로 남녀의 년지와 일지끼리 맞추어 본다.

귀문관살 : 신경성, 노이로제, 의부 의처증으로 정신이상이 되기도 하며 탕화살과 같이 있으면 음독 자살한다.

상문·조객 : 복을 입거나 재수가 없으므로 초상집이나 병문안을 가지 않는게 좋고 해당 방위는 이사, 집수리, 신축, 이장을 금한다.

고신·과숙

    혼자 고독하게 독수공방하는 살로
    화개살과 같이 있으면 스님이나
    신부가 되거나 독신 생활을 한다.

과숙	띠	고신
축	인묘진	사
진	사오미	신
미	신유술	해
술	해자축	인

  뱀띠 오월 묘일 자시생의 경우

  뱀띠는 사유축생에 해당되며 사유축생이 사에는 지살 오월에는 연살 묘에는 재살 자에는 육해살에 해당된다. 따라서 년 지살이니 고향을 일찍 떠나고 월 연살이 드니 부모대에 재취나 첩 등의 일이 있고 일에는 재살이 드니 부부이별, 신병이 있고 시에 육해살이니 말년 질병에 자손이 줄어든다. 유년운은 금년 기사년에는 지살이 드니 옛터를 등지고 떠나는 상이다. 오년에는 연살이 드니 색정과 주색에 빠지는 일을 조심해야 된다고 푼다.

인 오 술년	—	자
사 유 축년	—	묘
신 자 진년	—	오
해 묘 미년	—	유

손으로 12신살 짚는 법

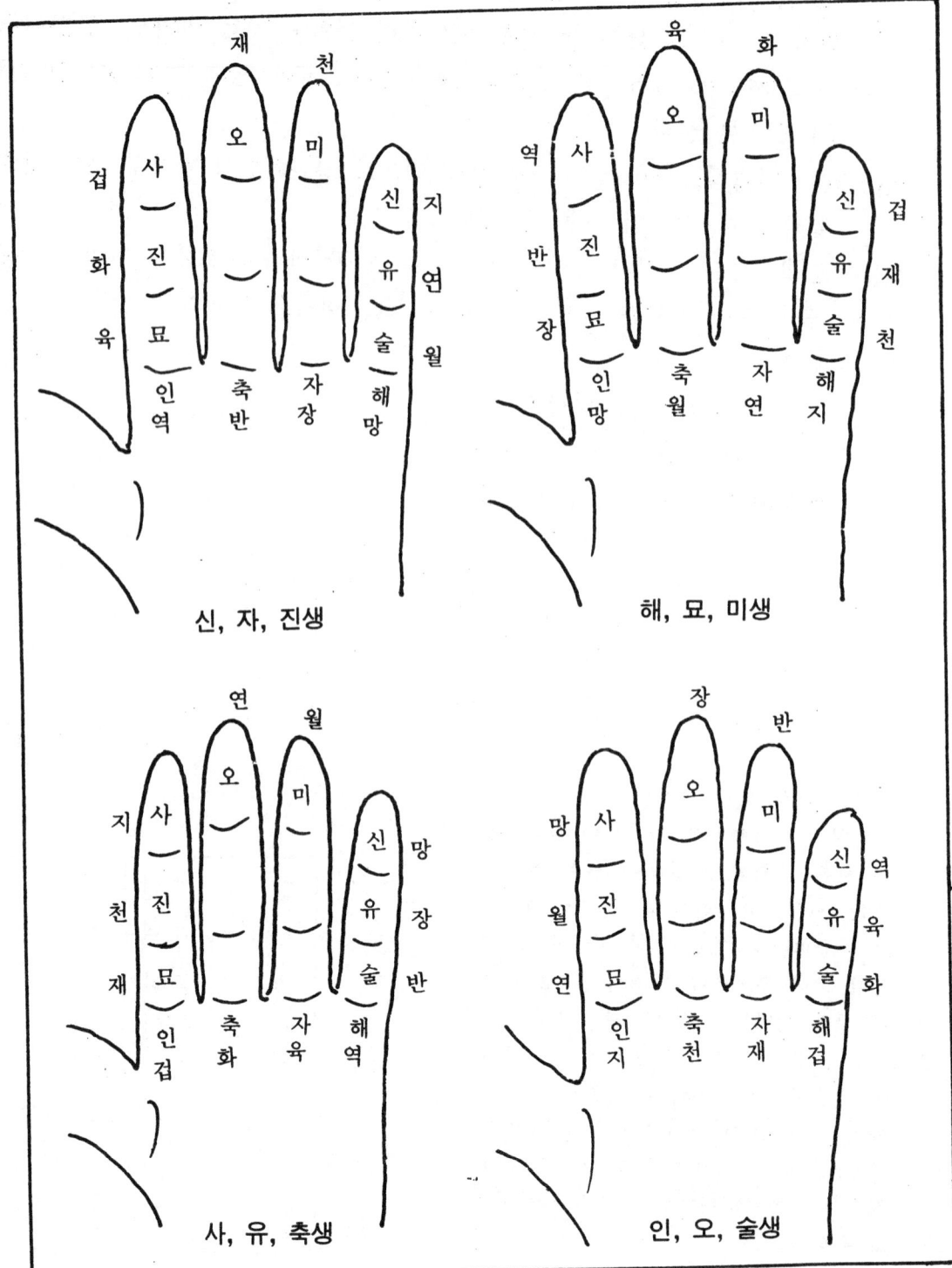

형, 충, 해, 파, 합, 회표 (六刑, 沖, 害, 破, 合, 會表)

支地＼支地	자	축	인	묘	진	사	오	미	신	유	술	해	삼합(회)	간합
자		합		형	반회파		충해반회파	해반회	반회	파	형		해묘미 목국	갑기토
축	합		파	해	형	형해반회	해	충		합	형			
인		파		해	해형		충합반회	합	충형파		합형파반회	형파	인오술 화국	을경금
묘	형	해	해		해형	파	파	충합형파	합형파반회		합	합충		
진	반회파	형	해형	해형		합	해	파	합반회	합	충			병신수
사		형해반회		파	합		반회	파	합형파반회	합		충	사유축 금국	
오	충해반회파	해	충합반회	파	해	반회		합		파	반회	형		정임목
미	해반회	충	합	충합형파	파	파	합			반회	형	해		
신	반회		충형파	합형파반회	합반회	합형파반회				반회	합	해형	신자진 수국	무계화
유	파	합			합	합	파	반회	반회		해	파		
술	형	형	합형파반회	합	충		반회	형	합	해		합		
해			형파	합충		충	형	해	해형	파	합			

제4장 십이천성(十二天星)

십이천성이란 천귀(天貴) 천액(天厄) 천권(天權) 천파(天破) 천간(天奸) 천문(天文) 천복(天福) 천역(天驛) 천고(天孤) 천인(天刃) 천예(天藝) 천수(天壽)의 열두가지 천성인바 그냥 귀성(貴星) 액성(厄星)으로 위에 천(天)을 빼고 밑에 성(星)을 붙여 부르기도 하고 천귀성(天貴星) 천액성(天厄星) 등으로 천귀 천액에 성(星)을 붙여 부르기도 한다.

십이천성의 소속

자천귀(子天貴) 축천액(丑天厄) 인천권(寅天權) 묘천파(卯天破) 진천간(辰天奸) 사천문(巳天文) 오천복(午天福) 미천역(未天驛) 신천고(申天孤) 유천인(酉天刃) 술천예(戌天藝) 해천수(亥天壽)

즉 子에 천귀성이오 丑에 천액성이오 寅에 천권성이오 卯에 천파성이오 辰에 천간성이오 巳에 천문성이오 午에 천복성이오 未에 천역성이오 申에 천고성이오 酉에 천인성이오 戌에 천예성이오 亥에 천수성이다.

맨 처음 출생년 자리를 찾는다(즉 子生·丑生 등) 다음 생년자리에 正月을 붙여 출생월까지 짚어나가고, 생월자리에서 또 初一일을 붙여 생일수까지 돌려짚고 생일수 머문 자리에 子時를 붙여 출생시까지 돌려 짚는다.

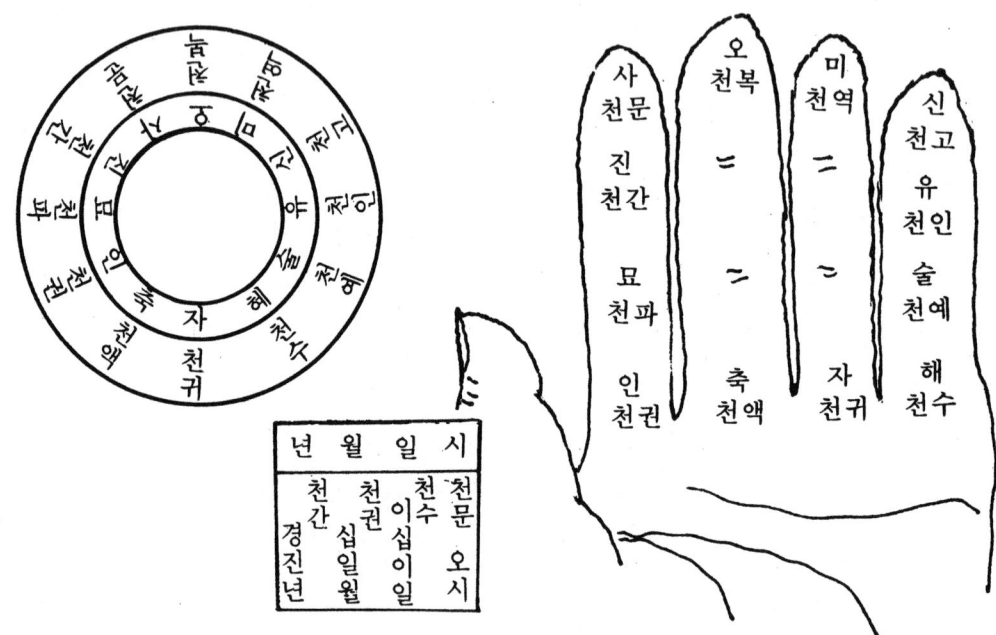

庚辰生 용띠는 辰生이니 辰자리 즉 천간성(天奸星)이오 生月이 十一月이니 천간성 자리에 正月을 붙여 十一月까지 돌려 짚으면 천권성이 닿고 천권성자리에 初一日을 붙여 생일인 二十二日까지 돌려 짚으면 천수성이 닿고, 천수성 자리에 子時를 붙여 午時까지 돌려짚으면 천문성이 닿는다. 그러므로 庚辰年 十一月 二十二日 午時生의 사주는 年에 천간성(天奸星-年天奸)이오 月에 천권성(月天權)이오 日에 천수성(日天壽)이오 時에 천문성(時天文)이 된다.

나이를 알고 띠를 모를때 찾는 법

35세가 무슨 해인가 셈하려면 금년에 지지가 인(寅)년이라면 인(寅)에 1세 축(丑)에 2세 자(子)에 3세 식으로 역으로(꺼꾸로)세어 나가 진(辰)에 닿으므로 용띠이다

무슨 띠인가 하고 천간을 찾으려며 금년의 천간이 병(丙)이라면 병(丙)을 1세로 시작하여 을(乙)2세 갑(甲)3세 계(癸)4세식으로 역시 역으로 35를 세며는 임(壬)에 닿으므로 임진(壬辰)년이다.

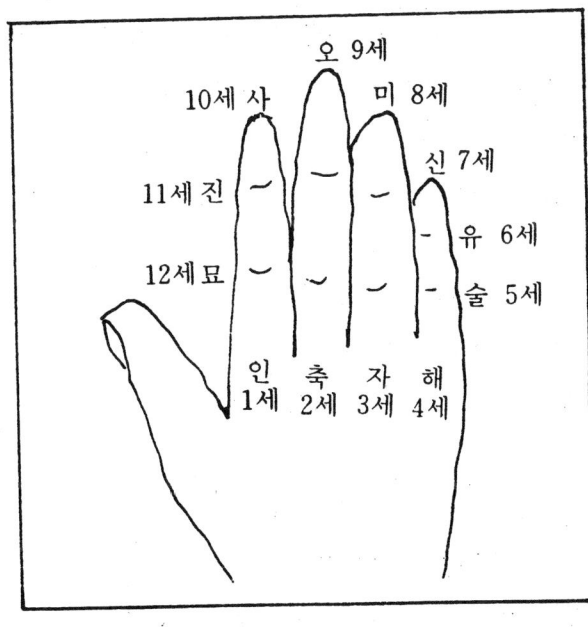

금년이 인(寅)년이라면 인(寅)을 1세로 시작하여 축(丑)에 2세 자(子)에 3세식으로 역으로 나이만큼 세어간다.

一. 12지와 신(神)

자(子)	용왕(산신줄 용왕대감)
축(丑)	조상(조상원귀로 된다)
인(寅)	산신, 성황신, 토신(동자신)
묘(卯)	불사대신, 목신

진(辰)	용왕(용궁도사줄)(동자신)
사(巳)	조상청춘귀(조상원귀)
오(午)	천신,(산신줄, 도사줄)
미(未)	조상대감, 불사대신, 의술, 무당신(종교가)
신(申)	용왕, 객사걸립신, 말명대신(숨은 대신)
유(酉)	칠성, 장군, 신장, 미륵불
술(戌)	대감, 의술, 점술가, 지관줄(동자신)
해(亥)	용왕, 도사줄

각 12지에 하늘의 별들의 성질을 붙힌 일명 당사주

자(子) : 천귀성	위인이 총명하고 일찍 출세하며 귀하게 된다.
축(丑) : 천액성	조실부모 아니면 고향을 일찍 떠난다. 고생이 많고 일복이 많다.
인(寅) : 천권성	나라의 녹을 먹어야 좋으며 그렇지 않으면 농업 상업이 좋고 그렇지 않으면 무녀가 된다. 권력을 쥐게 된다.
묘(卯) : 천파성	부모업을 깨뜨리고 실패수 있다.
진(辰) : 천간성	고집이 세고 말을 잘하며 변호사 중개업 기술자 등이 좋다. 꾀가 비상하다.
사(巳) : 천문성	공부 많이 하면 출세하나 그렇지 않으면 고생이 많다. 신경질이 많다. 문장력이 좋다.
오(午) : 천복성	의식이 족하고 식복이 좋다. 활동성이 좋다. 사람을 잘 사귀고 잘 헤어진다.
미(未) : 천역성	객지에 풍파가 많으며 변화수가 많다.
신(申) : 천고성	형제 부모와 분리되며 고독하다.
유(酉) : 천인성	몸에 흉이 있으며 군인, 경찰 의사등이 좋으나 다른 업은 늦게 발복한다.
술(戌) : 천예성	예술, 기술 등 다재다능하나 인내력이 부족하다.
해(亥) : 천수성	은연자중하며 인내력이 있으며 수명장수 한다.

二. 별들의 작용

자 : 천귀성
천귀성이 년에 있으면 인물이 준수하고 총명하며 자손이 창성하며 귀인의 기상이 있다.
월에 천귀성이 들면 자수성가하며 낭비가 심한 경우도 있으며 여색을 조심해야 한다. 대개는 크게 성공한다.
일에 천귀성이 드니 위인이 일찍 명성을 날리며 만인이 우러러 본다. 그러나 여색을 조심해야 한다.
시에 천귀성이 있으면 자손이 창성하고 재록이 풍부하다. 그러나 천액이나 천귀성이 둘이 있으면 간혹 고생한다.

축 : 천액성
천액성이 년에 있으면 일신곤궁하며 일찍 부모를 잃지 않으면 고향을 일찍 떠난다.
월에 천액성이 들면 일찍 고향을 떠났다면 자수성가 한다. 그러나 신병이 몸에 따른다. 항상 육신이 고달프다.
일에 천액성이 드니 신병이 있고 관록이 있으면 길하나 그렇지 않으면 고생이 많다.
시에 천액성이 있으면 자손덕이 없으며 중병으로 고생하며 고독하다. 천액이 둘이 나란히 있으면 길하다.

인 : 천권성
천권성이 년에 있으면 벼슬을하여 권세를 누리나 그렇지 않으면 장사를 해야 길하다.
월에 천권성이 있으면 사방에 이름이 난다. 그러나 인·인이 나란히 나오면 오히려 나빠진다.
일에 천권성이 드니 위인이 준수하고 매사에 길하다. 말년은 길하며 그릇이 큰 사람은 관록을 먹으면 길하다. 중인은 상업으로 대성하며 그렇지 않으면 만신팔자수가 가끔 있다.
시에 천권성이 있으니 뭇사람의 우두머리격이나 명진사해 재록이 풍부하고 80장수할 격이다.

묘 : 천파성

천파성이 년에 있으면 대개 초년에 실패수가 많으며 머리는 있는데 꼬리가 없는 것 같이 결단심이 약하다.
월에 천파성이 있으면 일차 실패수 있으며 낭비벽을 조심해야 하고 부부 이별수 있다.
일에 천파성이 있으면 마음이 정처없이 떠돌아 다니는 운이니 실패수가 있으며 분수를 지켜 나가야 길하다.
시에 천파성이 있으니 대체로 무난하다 자손이 속을 썩히나 자식한명은 효자다. 말년에 성공하는 수도 있다.

진 : 천간성

년에 천간성이 있으면 꾀가 많으며 관공서 계통에서 성공하며 그렇지 않으면 기술계통에서 성공한다.
월에 천간성이 들면 신액이 따르며 구설수 있으며 형벌을 당하는 수가 있으며 대개는 기술로 성공한다.
일에 천간성이 있으면 지혜가 있으며 말을 잘하고 사업이 대성하는 위인의 팔자다.
시에 천간성이 있으면 말로 대성하니 소개업이 길하며 자손창성하며 상업으로 대성한다.

사 : 천문성

년에 천문성이 있으면 공부를 많이하며 벼슬을 하나 만일 그렇지 않으면 신수가 곤고하고 신경성병 등으로 고생한다.
월에 천문성이 들면 공부를 많이하면 좋으나 그렇지 않으면 풍파가 심하고 신경성병으로 고생한다.
일에 천문성이 있으면 용모가 단정하고 문예가 있으나 공부를 많이 못했으면 기술자 팔자다. 색욕을 조심해야 한다. 신경계통 질환을 조심해야 한다.
시에 천문이 있으면 좋으나 말년은 신경성병으로 고생하니 조심해야 하고 천예와 같이 있으면 본인이나 자손이 술을 먹으면 미친사람처럼 발광한다.

오 : 천복성

년에 천복성이 있으면 의식이 풍족하여 좋으나 사람을 쉽게 사귀고 쉽

게 헤어지는 경향이 있으며 사치를 좋아한다. 사업이나 기술계통으로 성공한다.

천복성이 월에 들면 권태가 빨라서 도중에서 중단하는 수가 많으며 관운으로 출세하는 팔자다. 귀인의 운명이다.

일에 천복성이 드니 처덕이 있으며 재록이 많으며 귀인이 도와줄 운이라 길하다.

시에 천복성이 있으면 자손 창성하며 천금을 만지는 격이라 길하다.

미 : 천역성

년에 천역성이 있으면 객지로 유랑할 팔자이나 학업에 힘써서 대성하는 사람도 많다. 기술자도 많다.

월에 천역성이 있으면 객지풍파격이니 항상 바쁘게 다니는 팔자며 재산을 탕진한다. 관재 구설을 조심해야 한다.

일에 천역성이 있으니 관록인이면 고향을 일찍 떠났고 그렇지 않으면 실패수 있으며 상업은 길하나 이사 자주하면 부부이별수도 있다.

시에 천역성이 있으면 사업은 대성하나 실패가 다단하고 자손이 멀리 나가며 기술인은 대성하는 수가 있다.

신 : 천고성

년에 천고성이 있으면 형제 이별하며 신액이 있고 고독해 진다. 그러나 일찍 가정을 이끄는 사람도 많다. 재주가 있다.

월에 천고성이 들어가면 고독한 팔자며 이사를 자주하며 혹 해외로 나가는 수도 있으며 인간덕이 없어서 풍파가 있다.

일에 천고성이 있으면 육친의 덕이 없으며 고독하다. 부부의 연이 약하며 나혼자의 힘으로 개척해야 하며 부부이별수도 있으며 어부나 바닷가에 나가서 하는 사업은 좋다. 방생을 많이 해야 한다.

시에 천고성이 들면 부부자식연이 없으며 말년이 고단하다. 그러나 용궁에 기도하고 부처님을 열심히 믿으면 길하다.

유 : 천인성

년에 천인성이 있으면 몸에 흉터가 있으며 조급하면서 매정한 면도 있다.

남과 다툼을 조심해야 하며 군인, 경찰, 의사 등의 직업이 좋다.
월에 천인성이 들어가니 머리는 있고 꼬리가 없다. 급하게 서두르다가 실패한다. 몸에 흉이 아니면 중병을 앓아본다.
일에 천인성이 있으면 성질이 강직하고 담대하나 꼼꼼한 성질로 해서 실패수 있다. 군인 의사 법관이면 대길하나 그렇지 않으면 목수나 기술자가 좋다. 몸에 흉이 있다.
시에 천인성이 있으면 일시 떠돌아 다니는 수 있으며 몸에 흉터아니면 불구자수가 있으며 자손을 잃는 슬픔도 있으니 항시 조심하라. 팔 다리에 흉이 있을 수다.

술 : 천예성

년에 천예성이 있으면 재능이 있고 손재주가 있으며 성질이 급하고 사치를 좋아하며 남을 시키기 좋아한다.
월에 천예성이 들어가면 초년에 출세하나 대개는 기술이나 예술로 성공할 수 있으며 신경질적인 성질을 고쳐야 길하며 수단이 좋다.
일에 천예성이 있으면 예술이나 기술 혹은 의원으로 성공하는 사람들이 많으나 승려나 종교인으로 종사하는사람도 많다. 만신도 있다. 44세 이후 좋다.
시에 천예성이 있으니 재주있는 자손이 있으면 신경통을 조심해야 하고 본인은 종교인이 되어 명산을 찾는 수가 있다.

해 : 천수성

년에 천수성이 들면 도덕심이 강하며 결백하다. 진취의 기상이 있어서 좋으며 성공할 수나 조금은 고집이 세어서 실패하는 수가 있다.
월에 천수성이 들어가면 진취의 기상이 있으나 객지풍파가 있으며 한곳에 오래 있으면 대성한다.
일에 천수성이 있으면 천상에서 죄를 짓고 인간에 하강했으니 20세 이후에 좋으나 30세 이후 곤란하다가 40세 이후에는 좋다. 천파성이나 천액성이 같이 있으면 미천격이라 고생이 많고 일찍 죽는 수가 있다.
시에 천수성이 들면 의식이 족하고 백년을 한가히 살며 장수하나 천수성이 두개 이상 있으면 고독하며 신기가 있으며 몸이 아프다. 그렇지 않으면 농사를 크게 일으켜 재산을 모으며 장수할 수 있다.

제5장 각종신살의 작용

一. 각종 신살의 작용

12신살 조견표(생년을 기준하여 각월, 일, 시 등에 대조하여 풀어본다)

년(띠) 신살(월)	인(범) 오(말) 술(개)	신(원숭이) 자(쥐) 진(용)	해(돼지) 묘(토끼) 미(양)	사(뱀) 유(닭) 축(소)	작용해설
겁 살	해	사	신	인	손재, 실물, 도난, 사기, 질병, 관재, 좌천
재 살 (수옥살)	자	오	유	묘	감옥, 관재구설, 감금, 납치, 포로, 구속됨
천 살	축	미	술	진	불의 재난, 천재지변, 홍수, 화재, 지진, 부선망
지 살	인	신	해	사	땅이 움직여 녹답, 수로 등의 피해 이동, 변동사, 모선망
년 살 (도화살)	묘	유	자	오	색정지난, 술, 여자, 도박 등 풍류, 호색
월 살 (고초살)	진	술	축	미	몸이 마른다. 헛된수고, 병을 앓는다. 정신쇠약
망 신	사	해	인	신	계획이 수포가 되며 재산 손해 실수로 인한 망신당함
장 성	오	자	묘	유	일찍 출세하여 이름이 명진사해 한다. 문무겸전
반 안	미	축	진	술	높은 의자에 앉아보는 살. 출세해 보는 살
역 마	신	인	사	해	이동, 변동, 원행, 해외 등 움직이는 사항, 돈벌이
육 해	유	묘	오	자	긴병을 앓아본다. 육친덕이없다. 무기력
화 개	술	진	미	축	예술성, 기술성, 종교성

12신살을 알기 쉽게 암기에 도움이 되도록 적는다. 지지삼합을 기준하는 살이므로 지지 삼합을 잘 암기해야 한다.

```
    신      자      진
    |       |       |
   지살   장성    화개
```

삼합의 첫자가 지살이며 삼합의 가운데자가 장성이며 삼합의 마지막자 가 화개살이다.

삼합의 첫자를 충하는 자가 역마살이며 삼합의 가운데 자를 충하는 자가 재살(수옥살)이며 삼합의 마지막 자를충하는 자가 월살(고초살)이다.

```
( 신    자    진 ) ( 인    오    술 )
  충│   충│  충│  충│   충│  충│
( 인    오    술 ) ( 신    자    진 )
 (역마)(재살)(월살) (역마)(재살)(월살)
```

삼합의 첫자 다음자가 년살(도화살)이다. 삼합의 중간자 다음자가 반안살이다. 삼합의 끝자 다음자가 겁살이다.

```
  신    자    진
  │    │    │
  유    축    사
 (도화)(반안)(겁살)
```

삼합의 첫자 바로 앞자가 천살이요 삼합의 중간자 바로 앞자는 망신살이요. 삼합의 마지막자 바로 앞자가 육해살이다.

```
  사    유    축
  │    │    │
  진    사    자
 (천살)(망신)(육해살)
```

12신살 작용운세 보는법

인(호랑이해)년 출생한 사람
오(말해)년에 출생한 사람
술(개해)년에 출생한 사람

출생이 10월이면 10월의 지지가 해월이니 앞의 조견표에서 보면 인오술년 해(10월)는 겁살이 된다. 이 사람들은 월에 겁살이 든 경우가 되고 만일 이 사람들이 사일(뱀날)에 출생했으면 인오술년 사는 망신살이 되니 망신살이닌

날에 든 경우이고 만일 이사람들이 자시에 출생했다면 인오술년 자는 재살이니 시에 재살이 든 경우이다.

　앞의 조견표에 해(10월) 인(1월)등으로 적은 것은 난달은 알고 지지를 모르는 분들의 이해를 돕기 위해 적은것이니 괄호 안에(1월) (4월)식으로 쓴 숫자는 월만 따지고 난일이나 난시는 지지(자, 축, 인, 묘 등)만을 보면 되니 혼동이 없기를 바란다.

　또한 그해 운인 유년운을 볼때는 자기띠인 년을 기준하여 그해 운을 신살에 붙여서 운수를 판단하면 된다.

　가령 임오년생이 1987년 정묘년 운세를 본다면 앞의 조견표에서 인오술년에 묘를 보며는 년살(도화살)이 되는것을 알 수 있다. 이 사람의 정묘년 운세는 도화살운이니 술, 노름, 여자문제 등을 조심해야 한다고 운세 풀이를하면 된다.

　또 을유생이 1987년 정묘년 운세를 본다면 앞의 조견표에서 사유축년에 묘를 보며는 재살(수옥살)인것을 알 수 있다.

　이 사람의 정묘년 운세는 관재구설, 입원 등을 조심해야 한다고 풀이를 하면 된다.

　이와같이 자기 사주속에 있는 신살이든 유년운에 들어가는 신살이든 그 신살의 작용력에 영향을 받는다.

　각신살들이 월, 일, 시에 있을 때의 작용운세를 풀어 보기로 한다.

(1) 겁살

　겁　살 : 남에게 빼앗기는 것을 뜻하므로 실물, 도적, 사기당하는 것으로 풀이된다. 장성과 같이 하면 도리어 권세를 얻는다. 육친궁에도 이와같이 풀이 해석하면 된다.

월겁살 : 월에 겁살이 드니 조실부모하고 형제분리하나 불연이면 타향에 일찍 나가 고생할 수며 조상의 업은 지키지 못하며 성질이 급하여 이사 여러번 하며 인덕이 없으며 일생에 도적수를 조심하라.
전문분야 직업에 꾸준히 종사하면 중년이후 대길하리라.

일겁살 : 일에 겁살이 드니 부부간에 이별수 있으며 만일 그렇지 않으면 서로 등지고 살며 인덕이 없으므로 남에게 이용만 당하리라. 기술계통으로 나가면 대성하나 망신살과 함께 있으면 산적이 된다 하였으므로 무뢰한이 되는 수가

있다. 산신이나 조상전에 기도 치성하라.
시겁살 : 시에 겁살이 드니 자손궁에 근심수가 있을 것이니 칠성님 전에 기도 발원하라. 불같이 급한 성격을 참고 직업은 자주 바꾸지 말고 한가지 일에 종사하면 말년은 대길하리라.

(2) 역마살

역 마 살 : 말을 타고 돈벌이 하기위해 돌아다니는 뜻이므로 이동, 변동, 타도 타국을 원행하는 뜻으로 풀이된다. 육친 궁에도 서로 이별의 뜻이 있다고 해석한다.

월역마살 : 월에 역마살이 있으니 일찍 부모형제와 이별하고 고향을 떠나 객지 풍파를 겪으며 초년은 고생하나 자수성가로 말년은 대성하리라. 요즘은 외국에 나가서 성공한다.

일역마살 : 일에 역마살이 드니 부부이별수 있으며 아니면 본인이 홀로 객지로 떠돌아 다니며 상업을 할 것이므로 자연 부부간에 이별수가 생긴다. 두번혼인 하는 수도 있다. 일생에 한번은 교통사고를 조심해야 한다.

시역마살 : 시에 역마살이 드니 자손들이 객지에 나가 있을 수며 혹 어릴때 자손을 잃어버릴 수도 있으니 조심해야 한다.
이사 자주하는 수 있으며 말년은 상업으로 대성 하리라.

(3) 망신살

망신살 : 가업은 다 파하고 패가하여 망신당한다는 뜻이므로 마음먹는 일이 뜻대로 되지 않는다고 풀이 한다. 육친궁에도 손해수 있으므로 육친(부모, 형제)의 덕이 없다고 해석해야 한다.

월망신살 : 월에 망신살이 드니 부모의 가업을 지키지 못하며 실패가 다단하리라. 형제의 덕이 없다. 일찍 아버지나 어머니를 잃고 양자 양녀로 가는 사람도 가끔 있으며 어머니가 개가하여 의붓 아버지 밑에서 자라는 사람도 가끔 있다. 대개는 자수성가하여 중년이후 편안히 산다.

일망신살 : 일에 망신살이 드니 부부공히 불리하여 처가 도망가거나 남편이 나가서 살거나 하여 여러번 시집 장가가는 사람도 가끔 있다. 대개는 자수성가하여 중년이후 대성한다. 도화살과 같이 있으면 노름으로 소일하는 사람도 있으며 관재구설에 자주 걸리는 사람도 있다. 겁살과 같이 있으면 옛날엔 산적이 된다 하였으나 요즘은 무뢰한이 되는 수가있다.

시망신살 : 시에 망신살이 드니 자손궁에 실패수가 있으니 칠성님께 치성하라.

아니면 자손이 재산을 파하고 손해 끼친다. 모든 면에 분수를 지켜 나가면 말년에는 대성한다.

(4) 지살

지 살 : 땅이 움직여서 논, 밭, 수로 등의 손실로 이동, 변동한는 뜻이므로 역마살과 같이 이동, 변동의 뜻으로 풀이하나 지살은 두개 이상이라야 작용이 강해진다. 육친궁도 본인의 뜻이 아닌 우연한 관계로 이별, 별거하며 등지고 떠난다는 뜻이있다.

월지살 : 월에 지살이 드니 부모 형제와 인연이 없으며 모선망이며 고향땅을 지키기 어려우므로 타도나 타향에 나가 성공하리라. 관록을 먹으면 대성하나 그렇지 않으면 자수성가하여 중년이후 대길하리라.

두 어머니를 모실수며 그렇지 않으면 삼처를 둘 격이로다.

일지살 : 일에 지살이 드니 부부간에 위반되어 분리 이별할 것이요 그렇지 않으면 이 삼처를 둘 격이로다. 교통사고나 화재수를 조심해야 한다.

관록을 먹지 않으면 농업이나 공업으로 생애 성공하리라.

시지살 : 시에 지살이 드니 자손이 타향에 나가 성공할 수며 아니면 부부간에 이별문제나 부득이한 사건으로 일찍 자손과 이별할 수다.

산신 칠성님께 치성 발원하라. 자수성가하여 말년은 태평하리다.

(5) 화개살

화개살 : 예술성, 기술성, 종교성의 살로서 화개살이 여러개있으면 도화살 작용도 하여 색욕에 강한 사람도 있으며 풍류를 즐기는 사람도 많다. 또 종교심이 강하여 종교생활에 열성인 사람도 있다.

또 화개가 3개 이상이면 변태적 성질도 있어서 믿을 수 없는 일을 하는 사람도 많다.

월화개살 : 월에 화개살이 드니 부모님이 초, 향키고 불전발원한 자손이다. 조상의 업을 지키기 어려우며 예술, 기술로서 자수성가하리다.

종교가로 살아가는 사람도 많다.

(스님, 무속인, 역학자, 목사, 신부등)

일화개살 : 일에 화개살이 드니 예술, 문학으로 성공하는 사람도 있으며 기술계통이나 종교계통으로 풀려 생애하는 사람도 있다.

부부중에 변동이 있을 수며 화개가 두개 이상이면 부부연이 자주 바뀌는 수도 있으며 여자는 색욕이 강하다.

목에 태줄을 감고 나왔으니 부처님 전에 치성하라.

시화개살 : 시에 화개살이 드니 자손이 예술이나 기술로 성공하는 자손이 있으리라. 그렇지 않으면 지독히도 부모 속을 썩히는 자손도 있으리라. 부처님전에 기도 발원하라.

자수성가하여 말년은 대길하리라.

(6) 장성

장　성 : 문장이나 무장으로 이름을 날릴 수 있는 좋은 뜻이 있는 살이다. 소년에 등과하여 사방에 이름을 떨치는 좋은 뜻이 있다. 겁살과 같이 있으면 권세를 떨친다.

그러나 형, 충, 파, 해 등 나쁜살과 같이 있으면 좋은 살의 작용은 못하고 오히려 큰 풍파를 겪는다.

월장성 : 월에 장성이 드니 심성이 착하며 관록을 먹으면 대성하리다.

연이나 형, 충, 파, 해를 당하면 평생노고가 많으며 풍파를 심하게 겪는다.
　군인, 경찰에 입문하면 대길하다. 형제덕은 없다.

일장성 : 일에 장성이 드니 처덕이 있으며 심성이 착하여 만인이 우러러 보리라. 관록을 먹으면 대성하고 사업으로도 대성하리라.

만일 형, 충, 파, 해하면 처로 인해 고생하는 수도 있다.

시장성 : 시에 장성이 드니 만인간을 통솔하리라. 불연하면 재주가 남편에도 잘 쓰이며 자손이 창성하고 벼슬하는 자손도 있으리라.

만일 형, 충, 파, 해하면 자손으로 근심하리라.

(7) 재살

재　살(일명 수옥살) : 관재구설, 소송, 납치 형무소등 일신에 구속이 있어 본다는 살이다. 재난의 살이다. 육친중에도 그와 같은 작용을 당하여 본다고 풀이 해석하면 된다. 충이나 형, 파가 있으면 해소된다. 장성과 같이 있으면 도리어 형권을 쥔다.

월재살 : 월에 재살이드니 부모의 업을 지키기 어려우리라, 부모 형제가 분리되어 고독난면이며 부모나 형제나 본인이 관재, 소송 등의 문제로 고생해봄. 어머니나 아버지가 두분인 수가 있으리라. 몸에 신병을 가지리라, 역마살과 같이 있으면 남자는 스님이되며 여자는 무녀가 되는 수가 가끔 있다.

일재살 : 일에 재살이 드니 부부간에 정이 없으리라. 일생에 한번은 관재구설수가 있어서 형무소 가는 일이있으니 몸가짐에 조심하라.

산신, 조상전에 치성 도액하라.

시재살 : 시에 재살이 드니 자손궁에 관재구설수로 놀랄일이 있으리라. 산신, 조상전에 치성 도액하라. 중년이후 상업으로 성공하리라.
투기업은 손해볼 격이로다.

(8) 도화살

년 살(도화살) : 남녀가 다 도화살이 있으면 호색하며 놀기 좋아하며 바람끼가 있다는살이다.
술, 놀음, 여자 등 자유분방한 것을 즐기는 사람들이 많다. 남자는 첩을 두며 여자는 기생, 첩 등이 되는 수가 가끔있다.
여자는 다방, 술집, 여관 등을 하는 사람중에 도화살을 가진 사람이 많이 있음을 볼 수 있다.

월도화 : 월에 도화살이 드니 부모형제가 재산을 탕진하니 나에게 돌아올 재산이 없으며 일찍 객지에 나와 자유분방하게 세상을 살 것이며 예술가나 자유업에 종사한다. 성질은 급하나 뒤가 없으며 색욕을 조심하면 중년이후 대길하리라.

일도화 : 일에 도화살이 드니 도처에 처첩이며 여자는 기생 첩의 팔자라 만일 이같지 않으면 부부가 서로 협동하여 장사하면 길하리라.
의지가 약하여 결심을 지키기 힘들며 남편이나 아내가 서로 부정하게 바람을 피우는 수가 있으니 놀음, 술, 주색을 조심하라. 살을 풀고 조상전에 치성도액하면 중년이후부터 치부하리라.

시도화 : 시에 도화살이 드니 자손궁에 예술에 소질이 있는 자손이 바람을 피워 근심할 수라. 부처님 전과 산신전에 기도 치성하라
말년은 주류업이나 관광업, 여관 등을 하면 대성하고 편안하리다.

(9) 월살

월 살 : 일명 고초살(枯焦殺)이라 하여 물이 고갈된다는 뜻이다. 택일에도 이 날을 피한다.
이날에 종자를 심으면 나지 않으며 세란을 안기면 깨지 않는다고 한다. 몸이 마르고 병을 앓고 재난이 있다고 풀이 된다. 육친중에도 고갈된 상태이니 덕이 없다고 풀이 해석한다(약을 먹고 자살하기도 한다).

월월살 : 월에 월살이 드니 부모업이 쇠잔하여 부모 동기간 덕이없으며 자수로 성공하리라.

부모님이 불전에 공양 치성하여 낳은 자식이다. 부모나 동기간 중에 정신적 신병으로 고생하는 사람이 있을 수다. 아니면 본인이 긴병을 앓으리라.

일월살 : 일에 월살이 드니 고향떠나 자수성가하리라.

부부궁에 액이 있으리라. 처나 남편이 몸이 아프리라. 만일 그렇지 않으면 본인이 몸에 신병이 있으리라. 산신이나 조상전에 치성 해원하라. 안하면 무당이 되는 수가 있다.

시월살 : 시에 월살이 드니 자손궁에 병이 침입하여 근심하리라. 산신 칠성님전에 치성 발원하라. 농업이나 상업으로 대상하리라. 그렇지 않으면 중이 될 팔자로다.

(10) 천살

천 살 : 천재지변으로부터 불의의 재난을 당한다는 의미이다. 홍수, 가뭄, 지진, 화재 등 불의의 재난을 당해본다는 살이므로 재산이 많은 의미로 해석된다. 부선망으로 본다. 육친궁에도 불의의 재난으로 덕이 없는 것으로 풀이된다. 심장이 약하다는 병의 살이기도 하다.

월천살 : 월에 천살이 드니 불의의 재난으로 부모 동기와 이별하고 객지에 나와 고생하다 중년이후 대길하리라. 몸에 심장, 간장병이 생기거나 중풍으로 고생해 보니 집안에 천살을 풀고 천신께 치성 발원하라. 부모 동기간에 근심수가 있으며 내돈주고 남에게 욕을 얻어먹는 수가 있으리라.

일천살 : 일에 천살이 드니 부부간에 불의의 재난으로 이별수가 있으며 만일 그렇지 않으면 부부 서로가 신병으로 고생하리라.

시천살 : 시에 천살이 드니 자신은 유복자 팔자며 자식들과는 불의의 재난으로 이별을 안하면 자식병으로 근심수 있으리라.

(11) 반안살

반 안 : 말 안장에 높이 앉아 출전하는 장수가 된다는 살이다. 소년에 등과하여 이름을 날린다는 길성이다.

월반안 : 월에 반안성이 드니 성정이 순후하며 귀인 기상이로다. 문필이 출중하여 소년등과 하리라. 관록을 못 먹으면 기술로 성공해야 한다.

일반안 : 일에 반안성이 드니 부부금술이 좋고 동고동락할 것이며 성질이 유순하고 소년등과하여 이름을 사방에 떨치리라.

시반안 : 시에 반안성이 드니 자손이 출중하리라. 화개살과 함께 있으면 기술자로 대성하리라.

12신살 해설표(十二神殺 解說表)

사주(四柱) \ 신살(神殺)	년(年)	월(月)	일(日)	시(時)
겁살(劫殺)	조상 패망 유년기 죽을 고비	부모형제이산 고독, 객지생활	부부이별 불구 폐질	자손 끊김 노상 횡액
재살(災殺)	조상 패망 조상중 옥살이	육친 무덕 상처 질병 고생	상처 관재 失物	고생 자식노비흩어짐 흉터
천살(天殺)	부선망 고독 정신적지주없다	심장, 간이상 형제덕없다	부친무덤 친척무덤 구설	낙상
지살(地殺)	일찍타향살이 부모등진다 고생	부모망하고질병 두부모섬긴다	문장력 부부궁약하다	말년부귀 자녀떠난다
연살(年殺)	조부모외도 유년기풍족 귀염받고 자람	부모색정빠짐 어려서 연애	주색풍족 부부파탄	분주 늦바람
월살(月殺)	조상중스님 신불모심 가내전통불안	부모스님 신불을좋아함	신기있고 질병 부부풍파	입산귀의
망신살(亡神)	조부모님후처나 첩살이 서자출신	자당님후처나 첩살이, 두분 실수가 많다	처궁이 불미스럽다 만혼이 좋다	재산탕진 자식연애
장성(將星)	조상에 Top 권력가	부모가 권력가 형제덕없다 극부	자신이 권력가 잘못되면 깡패 해결사	자식이 권력가 말년끗발
반안(攀鞍)	조상이 참모급 벼슬	부모가 참모급 벼슬	처궁이 좋다	부호 자궁이 좋다
역마(驛馬)	함지에 沖이면 타관객사 공망이면 거주불안	성품이 순수 관록과 부를 일으키지 못하면 허송세월	장사도 재물얻고 처궁에 풍파 금실 안좋다	분주, 풍파多 중첩하지말것
육해(六害)	조부때 패망 태어나면서부터 건강약함	부모가쇠퇴 큰집에 가난한 사람	자기대에 가산탕진	일번거롭고 막힘 형제가 드뭄
화개(華蓋)	총명재주고독 조상때 학자 도덕군자	부모궁에 고생이있다	처궁이 없어진다	자손이 끊기다

(12) 육해살

육해살 : 육친이 덕이 없으며 동기간 덕도 없으며 병이 있어서 약탕관을 머리맡에 놓고 산다는 살이다. 인덕도 없으며 남에게 해를 입는다고 풀이된다.

월육해살 : 월에 육해살이 드니 조실부모하고 타향에 유랑방탕하리라. 만일 조실부모 안하였다면 양자, 양녀로 갈 수로다. 형제간에도 정이 없으며 몸에 잔병이 떠날날이 없으리라.

일육해살 : 일에 육해살이 드니 부부의 인연이 박하여 각자 따로 행동하리라. 만일 이같지 않으면 부부가 다 신병으로 고생하리다.
남자는 스님, 박수가 되는 수가 가끔 있고, 여자는 무당이 되는 수가 가끔있다. 선심공덕으로 세상을 살면 중년 이후 대길하리라.

시육해살 : 시에 육해살이 드니 자손궁에 잔병으로 근심있을수며 쓸데 없이 바쁘며 내돈주고 남에게 욕을 먹을 수니 저축을 하라.

二. 각 별(星)들의 작용과 운세
(년이나 월이나 일이나 시에 있을 때)

사사(천문성) 이 나란하며는 정신병자 노이로제 등 정신계통의 병이 있으며, 조상 중에 미쳐죽은 귀신 등이 있다. 특히 성질이 나면 미친 사람처럼 신경질적인 발악을 한다. 무녀나 무남이 되는 수가 가끔 있으며 조상청춘귀라 별로 큰 신이 못되어 고생만 하는수가 있으나 장군 뿌리가 세며는 오히려 크게 불리는 사람도 많다.

사술(천문, 천예) 이 있으면 역시 정신 신경병으로 고생하며 무당, 의술, 복술지관 등을 보든 조상신들이 있으며 무당이나 박수가 되는 수가 있다.
만일 그렇지 않으면 의처, 의부증등 정신병이 많으며 술을 먹으면 미친놈처럼 주정한다.

묘신(천파, 천고) 이 있으면 정신병자가 되든지 아니면 의심이 많으며 멍청한 신경질이 많다.
무당팔자나 말명뿌리가 있어서 몸이 아파서 고생하는 수도 있다. 기술이나 관록을 먹으면 길하다.

진해(천간, 천수) 가 사주에 있으면 용왕도사 줄기가 있으므로 무당, 박수가 되는 수가 있으며 처를 바꾸며 술을 많일 먹으며 신경성병을 앓아본다. 하는 일은 대체로 도중에서 끝난다.

인유(천원, 천인)가 사주에 있으면 산신과 칠성줄이 뚜렷하므로 무당팔자수가 가끔 있으며 만신이 조상줄에 있으며 몸이 아프며 신경쇠약에 걸려본다. 군인, 경찰은 좋으나 다른 직업은 늦게 발복한다.

축오(천액, 천복)가 사주에 있으면 역시 신경성 계통의 두통이 늘 있으며 변덕이 심하며 화상을 조심해야 하며 불보살, 도사줄이라 무당팔자수도 가끔 있다.

자미(천귀, 천역)가 사주에 있으면 불평 불만이 많으며 몸수가 아프다. 불보살 줄이 있어서 역시 신경성 계통의 병을 조심해야 하며, 가끔 무남이나 무녀가 나오는 사주다.

자자(천귀, 천귀)가 두개가 나란하면 오히려 나빠지며 술(천예)이나 신(천고)이 끼이면 무당, 박수 팔자도 가끔 있으며 애기낳기 힘들며 몸수가 아파서 고생해본다.

축축(천액, 천액)이 두개 나란하면 오히려 좋아지며 술(천예)이나 미(천역) 등과 같이 있으면 나빠지며 형벌수가 있어서 고생한다. 선거리 무당팔자가 가끔 있는수가 있다. 기생, 첩 등의 팔자를 가지는 사람도 많다.

인인(천권, 천권)이 두개 나란히 있으면 오히려 나빠지며 결단력이 부족하며 산신이 동하지 못하니 무당팔자도 가끔있으나 말명뿌리 대신이라 불리지못하여 고생하는 사람도 있으나 천복과 같이 있으면 큰 단신도 많다.

묘묘(천파, 천파)가 나란하면 오히려 좋아지며 은연 중에 재산을 모아 부자로 사는 사람도 많다. 몸수가 아파서 고생하는 수도 있으며 결혼수가 불길하여 두세번 결혼하는사람도 있다. 불, 보살, 줄기라 만신이되는 수도 가끔 있으며 천귀성과 같이 있으면 수술하든가 아니면 자유 분방하게 사는 사람도 있다.

진진(천간, 천간)이 나란하면 기술이나 예능 계통이 좋으나 사업은 처음 시작은 크게 벌려 놓고 열심히 해도 뒷마무리를 잘못하여 용두사미격이 된다. 자식낳기 힘들며 용왕줄기라 무당팔자나 중이나 기독교 등 종교에 맹신하는 사람도 가끔 있는 것을 볼 수 있다.

축(천액) 묘(천파)와 같이 있으면 불길하다.

오오(천복, 천복)가 나란히 있으면 나빠지며 고생하는 수가 많으며 축(천액)이나 신(천고)과 같이 있으면 일찍 요절하는 수가 있다.

역시 천신줄이니 무녀무남의 팔자가 가끔 있으며 아니면 몸이 아프다. 화상을 조심해야 한다. 무슨 일에나 인내를 가져야 한다.

미미(천역, 천역)이 두개 나란하면 결혼을 두번하는 수가 있으며 본인이나 배우자가 바람을 피운다.
본인이 무녀가 안되면 배우자가 무당이나 철학자가 되는 수가 가끔 있다. 몸이 아프다.
신신(천고, 천고) 두개 나란하면 오히려 좋아지며 해외에 나가면 좋고 기술계통이 좋으며 상부나 상처하는 수가 있으며 용왕뿌리므로 방생기도를 해야 길하며 무당팔자나 말명뿌리 수가 가끔 있어서 몸만 아프지 불리지 못하여 고생하는 수도 있으나 의외로 크게 불리는 사람도 많다. 관록을 먹으면 좋으며 늦게 발복한다.
유유(천인, 천인) 두개 나란하면 의술, 점술, 무당팔자수가 가끔 있으며 노력하지 않으면 무용지물이 된다.
칠성님, 산신님, 미륵님께 기도해야 좋으며 애기 낳기 힘들고 게으르다. 사업을 하면 용두사미 격이 되는 수가 많다. 여색을 조심해야 한다.
술술(천예, 천예) 두개 나란하면 신경성 정신병이 있을 수며 무당, 중, 안수집사 등이 되는 수가 가끔 있으며 고집이 세고 무슨 일이고 조금 열성을 냈다가도 곧 싫증을 자주 느끼며 항상 몸이 아픈 수가 많다.
해해(천수, 천수) 몸이 허약하며 객지풍파가 심하며 일찍 죽는 수가 있으며 무슨 일이든 열심히 안하면 성공율이 적다. 일정한 곳에 좌정하고 용궁이나 천신께 기도함이 좋다. 자식 얻기 힘들며 무당팔자수가 가끔 있기도 하다. 그러나 늦게 불리는수가 가끔 있으나 천간성과 같이 있으면 대도사로 불리는 사람도 있다.
인인인(천권성 3개)이 나란하면 의지가 약하며 무슨일이든 늦게 발복하며 점술가, 무당팔자도 가끔 있으며 몸에 화상을 입을 수며 형벌을 당하는 수도 있으며 산신도사 줄이므로 산신께 기도해야 길하다.
결혼 두번하는 수도 있다. 의외로 일생 내내 편하게 사는 사람도 있으며 여색을 조심해야 한다. 건강을 항시 조심해라. 수술 수가 있다.
해해해(천수성 3개)가 나란하면 부부의 인연이 약하며 객지풍파를 일찍 당하며 무당팔자 수도 가끔있다.
그러나 말명뿌리가 앞을 가리어 불리지 못하여 몸이 늘 아픈 경우가 가끔 있으나 용궁에 열심히 기도해야 좋아진다. 건강에 조심해라. 수술 수가 있다.
묘묘묘(천파성 3개)가 나란하면 몸에 수술하는 수도 있으며 부부인연이 약하며 두번 결혼하는 수도 있으며 상업을 안하면 무당의 팔자 수가 있으며 애기 낳기 힘든 수도있다. 평생 지운에 한번 흥하고 한번 패한다. 수술수가 있으니 건강에 조심해라.

유유유(천인성 3개)가 나란하면 몸이 항시 아프며 윗대에 만신뿌리가 있으며 관직생활을 안하면 만신팔자수가 있으며 형제 중에 실성한 사람이 생기는 수도 있다.

의외로 크게 되는 사람도 있다. 몸에 흉이 있을 수니 칠성님 전에 열심히 기도하면 가히 액을 면하리라.

술술술(천예성 3개)가 나란하면 재주는 있으나 크게쓰이지 못하며 신경정신계 병이 있으며 중이나, 보살, 의술 팔자수가 있으며 항상 고독하며 결혼운이 좋지 않은 사람도 많다. 천신께 기도함이 좋다.

진자신(천간, 천귀, 천고) 등이 나란하면 신자진 합수하여 불사용궁줄이 뚜렷하므로 중이 되는 수도 있으며 결혼을 여러번 해보는 팔자다.

유술신유(천인, 천예, 천고, 천인)가 있는 사주는 천인이 두개가 작용하여 박수나 무속인 팔자수가 있으며 천예가 있으므로 침을 놓는 수도 있으며 기술자로 불릴 수 있으며 처궁이 나쁘다.

축술미(천액, 천예, 천역)가 나란한 사주는 산액이 있으며 몸에 수술수, 형벌수 등이 있으며 상처, 극부운이다. 의사, 변호사, 군인, 경찰 등은 좋으나 그렇지 않으면 중팔자나 무당팔자 되는 수가 있다.

총, 칼에 맞아 죽은 귀신이 있다.

인사신(천권, 천문, 천고)이 나란하면 객지 풍파대 겪으며 해외에 갈 수 있으며 상부, 극처, 자식 실패수가 있으며 관재, 수술 등이 있으며 만신이 되는수가 있는 팔자다. 총, 칼에 죽은 귀신이 있다.

자묘(천귀, 천파) 예의를 지키지 않는 수가 있으며 수술, 관재수가 있으며 신경성병 등이 있을 수며 부모의 재산을 털어먹는 수도 있다. 신(천고)과 같이 있으면 더욱 심하다. 몸이 아파 만신이 되는 수가 있다. 자유분방하게 세상을 사는 사람도 있다.

자유(천귀, 천인)가 사주에 있으면 남을 믿지 못하여 항상 불안하며 무슨 일이든 끈기가 부족하여 싫증을 빨리 느낀다. 몸에 흉이 있을수며 신경성 병으로 고생해 보는 수가 있다.

장군 뿌리가 있으므로 만신이 되는 수도 가끔 있다.

미인(천역, 천권)이 사주에 있으면 잔병을 자주 앓아보거나 신경통, 신경성 병으로 고생해 보는 수가 있다. 일, 시에 나란히 있으면 두번 결혼하는 수도 있다. 산신 도사줄이라 만신이 되는 수도 가끔 있다. 벼슬을 하거나 기술사업이 좋다.

축미(천액, 척역)가 나란하며는 매사에 지체됨이 많으며 행동이 아둔하다. 기술, 예술, 종교계에 일해보는 사람이 많으며 부모의 덕이 없이 객지에 일찍 나오는 수가 있으며 몸에 흉을 가지는 수가 있다.

일, 시에 나란하면 결혼을 두번이상 해보며 자식덕 없이 고독한 사람도 있다.

인신(천권, 천고)이 나란하며는 객지나 외국에 나가 보는 수가 있으며 년, 월에 나란히 있으면 일찍 고향을 떠나 자수성가 할 수며 일, 시에 나란하면 두번이상 결혼할 수며 수술, 관재, 교통사고를 조심해야 한다.

다정다감한 성품이 있다.

묘유(천파, 천인)가 사주에 나란하면 객지에 일찍 나오는 수가 있으며 년, 월에 나란히 있으면 부모덕이 없으며 고독하다. 다정한 사람을 배반하여 근심으로 사는 사람도 있다.

일, 시에 있으면 자식덕이 없으며 여러번 결혼하며 자유분방하게 사는 수도 있다.

진술(천간, 천예)이 나란하면 객지풍파를 겪으며 년, 월에 나란히 있으며 부모, 형제 덕이 없다.

예술이나 기술이나 종교계통에 일해본다.

일, 시에 나란히 있으면 결혼운이 불길하여 두번 이상 결혼해 보는 수가 있으며 여자는 고독하다.

사해(천문, 천수)가 사주에 나란하면 객지 풍파를 겪으며 해외에 나가 보는 수가 있다. 년, 월에 나란히 있으면 부모덕이 없으며 일찍 고향을 떠난다. 쓸데 없이 남의 일에 신경을 써서 괴로움을 당하는 수도 있다. 일, 시에 나란히 있으면 부부의 인연이 바뀌어지며 자식이 집을 나가는 수도 있다.

교통사고를 조심해야 한다. 자수성가하여 대성할 수다.

오묘(천복, 천파)가 사주에 나란하며는 처음은 길하나 후분은 곤곤하며 년, 월에 나란히 있으면 부모와 일찍 이별하며 잔병을 늘 앓아 고생할 수다.

일, 시에 있으면 결혼을 여러번 하며 자유 분방하게 사는 수도 있다. 천신께 기도하면 길하다.

신사(천고, 천문)가 있으면 처음은 곤하나 나중에 길하며 년, 월에 나란히 있으면 부모덕이 없으며 객지밥 먹어보며 고단하게 산다. 일, 시에 있으면 두번 이상 결혼하는 수가 있으나 그렇지 않으면 처나 남편이 수술하는수가 있다.

인해(천권, 천수)가 나란하면 인정이 많은 듯 하면서 사실은 매정한 면도 있으며 일신이 늘 아픈 사람도 많다.

그러나 처음부터 크게 성공하는 사람도 많으나 투기업은 하지 말아야 좋으며 결혼은 두번하는 수도 있다. 나라의 녹을 먹거나 목장으로 대성하는 사람도 있다.

진축(천간, 천액)이 사주에 있으면 몸이 늘 아프며 일신이 일정하지 못하여 방황하는 사람도 있으며 객지풍파가 심하며 부부연이 바뀌는 수도 있으며 종교가가 되기도 한다. 몸에 흉이 있으며 기술로 살면 말년은 편안하리라.

술미(천예, 천역)가 사주에 나란하면 부모의 업을 지키기 힘들며 예술이나 침이나, 군인, 의사, 경찰, 법관 등은 좋으나 그렇지 않으면 종교가가 되든지 기술로 성공해야 한다. 대감조상줄이니 만신도 가끔 나오는 수가 있으며 부부연이 바뀌는 수도 있다.

육십갑자의 특성

만세력에서 태어난 날의 일진으로 보며 태어난 해로도 본다.

甲갑子자	강직, 온순하고 담백, 온화, 옛것을 좋아한다. 자존심이 강하고, 지기 싫어하며 창의력이 좋고 감정과 색정에 빠질 우려가 있다. 군자다운 성품이다.
甲갑寅인	강인하고 뱃장이 좋으며 위협적이고 통솔력이 있으며 영웅심, 투지력이 왕성하고 독립심과 자존심이 강하다. 부부이별수가 있고 지기 싫어함. 손재가 따른다.
甲갑辰진	호탕하고 명쾌한 성격. 理財능력, 금전, 재물관리 능력이 탁월. 풍류를 좋아한다. 대범하고 통솔력과 융통성이 있다. 배우자를 잘 다스린다.
甲갑午오	재주가 있다. 영리하고 수단이 좋다. 오만심, 비평 멋내고, 꾸미는 일에 유능. 자기표현 능력이 좋다. 상대방을 꺾어누르는 특성과 학문, 예술, 기술 방면에 유능하다.
甲갑申신	절처봉생의 상으로 불구인 경우가 많고 체구가 작으면 괜찮다. 잔질이나 고생이 따르고 각박한 마음이다. 배우자로부터의 괴로움이 있고 궁지에 몰리는 수가 많다.
甲갑戌술	난폭하고 일을 잘 저지른다. 호쾌한 성품, 직선적이고 때지난 일에 손대며 일에 장애가 많다. 남의 일에 적극적이고 희생 봉사심이 강하다.

乙을 丑축	성품이 온순 인자하고 조용하고 청고함을 좋아한다. 건강이 안좋고 학문, 예술, 종교를 좋아한다. 소심하고 뱃장이 없다. 처를 아낀다.
乙을 卯묘	식록이 좋고, 안정되고 성실한 생활을 한다. 치밀하고 분명한 성격, 외유내강, 대쪽같은 성품이다. 내심 강인하고 일의 끝맺음을 잘하는 타입.
乙을 巳사	용모가 준수하고 멋을 부린다. 사치 허영기가 있다. 여자는 소실살이 하는 수가 있고 보통 가정을 꾸미면 남편, 처에 불만. 변덕이 심하다.
乙을 未미	단정, 명쾌한 성품. 치밀하고 섬세한 일에 유능하고 타산적이다. 약과 인연있고, 살림살이나 일처리 능력이 탁월하며, 독약 등에 중독되는 수가 있다.
乙을 酉유	깔끔하고 단정하다. 유순, 소심하다. 생활안정이 안된다. 질병이 있거나 신경과민, 남에게 의지하여 얹혀사는 수가 많다.
乙을 亥해	인자, 청고하고, 학문, 예술을 숭상. 기획, 창의력이 능하나 재복이 부족. 생각은 깊으나 열매가 없고 결단 실행력이 부족, 끈기뱃장이 부족하다.

丙병 子자	본인이나 배우자가 美人이다. 단정, 수려하다. 여명은 남편덕이 있고 남자는 처에 의지하는 수가 많다. 소심, 좌절이 따른다.
丙병 寅인	아침, 봄의 따뜻한 기운이다. 포부가 크고 허영이 있고 꾸미고 멋을 내는 특성. 실속이 없다. 재물낭비가 있고 부부궁이 좋지 않다.
丙병 辰진	일에 장애가 많고 좌절이 따른다. 흥행업에 종사한다. 체격은 대체로 좋고 낙천적. 유흥을 즐긴다. 비밀이 없고 적극적인 성품. 대화를 즐김.
丙병 午오	명랑, 쾌활하고 적극적이며 언변이 유능하고 화려하게 살며 자기표현이 좋고 나서기 좋아하며 화려한 성격. 개방적이고 부지런히 활동하는 타입.
丙병 戌술	체격은 좋은편. 낙천적. 쓸데없는 일을 저지른다. 유흥을 즐기거나 그런 직업 종사. 운동에 소질이 있다. 흥분을 잘하고 경솔한 편.
丙병 申신	서산에 지는 태양. 검약하고 노력은 많으나 공이 적다. 건강이 좋지 않다. 시력도 약하다. 일의 끈기가 부족. 남자는 처덕을 본다.

丁정 丑축	외유내강. 내심 강렬한 기상과 정신력이 있다. 내향성, 생활력이 강하다. 여자는 남편을 먹여살린다. 부지런하나 경솔, 실수가 있다. 자기주장이 강하다.
丁정 卯묘	예술, 공상, 신비적인 특성. 성격이 까다롭다. 비현실적. 재복이 부족. 온화하다. 조용한 것, 깨끗한 것을 좋아한다. 재물의 손실이 많고 금전에 항상 궁박하다.
丁정 巳사	정신력이 강하다. 눈빛이 강렬하다. 집요하게 파고드는 성격이며 기미 주근깨가 보인다. 화가 나면 강렬한 성격이 나타난다. 민첩하고 판단력이 빠르다.
丁정 未미	고독하고 선량하며 복잡한 것을 싫어한다. 배우자 주위사람에 친절한 편이다. 대화를 즐긴다. 부지런하고 비밀이 없다.
丁정 酉유	명쾌한 성격. 금전운이 좋고 발랄하다. 복이 있고 의식주가 편안하다. 돈도 잘 버나 쓰기도 잘 쓰며 대인관계를 많이 갖는 편이고 단순한 성격이다.
丁정 亥해	대체로 용모가 잘난 사람이 많고 겁이 많고 소심하다. 특히 어둠에 대한 공포가 있고 밤눈이 어두우며 여자는 남편덕 좋고 가끔 염세생각 해본다.

戊무 子자	부지런하고 매사를 이롭게 처리한다. 금전운이 좋고, 재산관리 잘 하며 중개역할에 유능하다. 음주, 색에 빠질 염려가 있다.
戊무 寅인	절처봉생. 겉으로 강한 듯하나 내심 검약하고 좌절, 포기가 많다. 뒷감당 못할 일에 큰소리만 친다. 항상 괴롭히고 방해하는 사람이 따른다. 부부불화가 있다.
戊무 辰진	똑똑하고 안정되어 있으며 어디가나 쓸모가 있다. 핵심적 인물. 남의 일도 보아주고 덕망이 있어 사람이 잘 따른다. 고집이 지나치게 강하여 여명에 꺼린다.
戊무 午오	성급한 성격. 허영이 있고 뱃장이 두둑하여 지기 싫은 성격에 인덕은 좋은 편이고 덕망이 있으나 부부이별수가 있고 위장질환 심하면 수술한다.
戊무 申신	편안하고 안정된 생활. 식복이 따르고 대화를 즐기며 친절한 편이다. 식성이 좋다. 상대방을 꺾어누르는 특성이 있다. 실속이 있다.
戊무 戌술	인기가 있고 기가 강하며 자기 주장이 강하다. 여자는 집안을 이끌고 사회활동을 하는 사람이 많고 남의 일을 잘 처리해 준다. 투지가 왕성.

己기 丑축	온화 착실하고 검소하며 묵묵히 자기일을 해내며 겸손. 빈틈이 없다. 남의 뒷바라지 잘 하고 살림꾼. 희생적으로 산다. 꾸준히 견디는 힘이 있다.
己기 卯묘	소심하고 마음이 약하며 마음이 자주 흔들려 변덕이 많고 남에게 의지하며 비굴할 정도로 겸손하다. 남의 앞에서 자기주장을 펴지 못한다.
己기 巳사	겸손 성실한 편이나 공상이 많고 신분을 숭상하며 학문과 책을 좋아한다. 소심한 편이고 나서기를 싫어하며 소극적으로 처신한다. 안정된 생활을 원한다.
己기 未미	야무지고 빈틈이 없으며 외유내강의 성격으로 겉으로 겸손 나약해 보이나 일에 임하면 양보하지 않고 끈질기며 어려움을 근면과 인내로 버텨낸다.
己기 酉유	상냥 친절하고 말이 친절하나 잔소리가 많은 편. 대화를 즐기고 음식을 잘하는 편이며 너무 치밀하고 세심한 것이 흠이다. 남의 일에 간섭, 관심이 많다.
己기 亥해	꾸준히 저축하여 재산을 모으고 소유욕이 남보다 강하여 재물운은 좋은 편이다. 처를 잘 다스리고 실속을 차리며 현실적이고 부지런하다.

庚경 子자	결단력이 좋고 일처리는 잘하나 상대방을 꺾어 누르려는 성격이 강하여 가끔 시비, 구설이 따르고 손재주도 좋은 편이며 여자는 남편덕이 없는 경우가 많거나 돈벌이에 나서는 수가 많다.
庚경 寅인	통솔력 좋고 호탕하며 풍류를 즐기고 다분히 정치적인 사람이다. 대개 허리나 관절이 아픈 병이 있고 심하면 중풍도 있다. 억지를 부려서 관철하는 특성이 있다.
庚경 辰진	위협심이 강하고 허풍과 과장이 있다. 일에 장담을 잘하며 약자를 도와준다. 여명은 거의 부부이별이 있거나 사회활동을 한다. 금전운은 좋지 않다.
庚경 午오	겉으로 큰소리치고 위협을 주나 일에 임하면 뒷감당을 못하고 포기하거나 좌절하는 수가 많다. 책임감은 강한 편이나 평생 질병, 재난 등 어려움이 있다.
庚경 申신	뱃장좋고 결단력이 빠르며 강한 성품에 투쟁을 좋아하고 주위가 시끄럽다. 부부운이 좋지 않아 이별하게 되며 돈이 잘 모이지 않는다.
庚경 戌술	대장부다운 기질에 정의감이 투철하다. 어려운 일을 떠맡으며 남의 일로 분주하고 힘을 과시하며 자기를 희생하여 무공을 세우기 좋아한다.

辛신 丑축	깐깐하고 고집이 세며 깔끔하다. 지기 싫고 자기 마음에 들어야만 움직이는 성품. 재운은 좋지 않으나 재능은 많은 편이다. 부부운이 별로 좋지 않다.
辛신 卯묘	날카로운 성격. 맺고 끊는 것이 분명하고 처세는 분명한 편이다. 너무 선을 긋고 깐깐하여 주위사람들이 싫어한다. 인자심을 기르면 좋다.
辛신 巳사	여명은 남편운이 좋고 멋을 잘내는 편이다. 단정하고 품위있는 것을 좋아하며 자제심이 강하다. 성품이 강렬한 편은 못된다.
辛신 未미	까다롭고 자존심이 강하다. 재주는 있으나 남이 알아주지 않고 단순하면서도 갈등이 있고 이기적이다. 기계적이고 분석적인 사고방식을 가졌다.
辛신 酉유	깔끔하고 지기싫은 성격에 고집이 센 편이고, 실속을 차리며 기분에 따라 돈을 잘 쓴다. 단순한 것이 흠이고 몸이 빠르다. 똘똘하다는 평을 듣는다.
辛신 亥해	얼굴 피부가 맑고 깨끗하며 구설이 따르고 여자는 남편을 극하여 고독하고 청상이 많으며 재복을 스스로 차버린다. 냉정하다.

壬임 子자	속이 깊고 이해심과 포용력이 있다. 활발한 성격에 돈 잘쓰고 부부이별수가 있으며 물장사, 운수업 등에 많고 지략이 뛰어나다.
壬임 寅인	식록이 좋고 음식에 인연있어 먹고 즐긴다. 착하고 남을 도와주며 여명 자녀 잘 낳고 잘 기르며 마음도 너그럽다. 부자가 많다.
壬임 辰진	속이 깊으며 생각이 많고 곤경에 처하면 염세 생각을 한다. 여명은 재취, 재혼 등을 하나 재물운은 좋은편. 약간 거친 성격이다.
壬임 午오	의식 걱정이 없으며 돈을 많이 만져 보고 자유롭게 살며 타산적이고 꾀를 부리며 건강은 안좋다. 사람과 재물을 잘 다룬다.
壬임 申신	차갑고 냉정하며 건강이 안좋아 음식에 탈이 나고 돈을 잘 쓰며 항상 적자 생활. 스스로 일을 조급히 저질러 손해를 본다.
壬임 戌술	활발한 성품에 활동적이고 꾀가 많으며 겉으로 큰소리 치나 좌절이 따르고 강약이 교차되며 노력보다 공과가 적다.

癸계 丑축	소심하고 잔꾀가 많으며, 소극적이고 공상이 많으나 학문에 열중하면 좋다. 의타심이 있으며 의심이 많고 일에 주저하는 성격이 강하다.
癸계 卯묘	음식솜씨 좋아 스스로 음식을 만들어 먹는 취미. 조용하게 담소하며 예술, 문학에 소질이 있고, 비밀이 탄로나고, 여자는 남편에 희생적.
癸계 巳사	계산에 빠르고 실속을 차리며 치밀한 장부정리 잘하고 내부관리 잘한다. 남자는 처덕을 보며 가정적이고 내성적인 성격.
癸계 酉유	음주를 즐기는 편이며 여명은 첩살이하는 수가 많고 귀염을 받으며 혼자 조용히 어떤 일에 몰두한다.
癸계 未미	나약하고 실패가 많으며 남에게 이용당하고 겁이 많아 기회를 놓치고 여명은 재취로 가면 좋다. 움츠리고 사는 타입이다.
癸계 亥해	외모로는 얌전하나 성격은 개방적. 활달하고 유능하며 무능한 척 하면서 최종이익을 노린다. 부부이별, 손재가 따른다.

각달의 지지

1월	2월	3월	4월	5월	6월	7월	8월	9월	10월	11월	12월
인월	묘월	진월	사월	오월	미월	신월	유월	술월	해월	자월	축월

각월천간 붙이는 법

갑과 기년은 병인월이 되고 2월은 정묘월 3월 무진월 등식으로 천간도 지지도 순행하면 병인정묘무진기사 월등으로 나간다.

을경년 무인월부터 시작하고 병신년 경인월로 시작하고 정임년 임인월부터 시작하고 무계년 갑인월로 시작한다.

다음 도표를 참조하라.

월건 조견표(본월지를 참조하고 본월지 천간도 알아두자.)

천간년 월건	갑, 기년	을, 경년	병, 신년	정, 임년	무, 계년
1월	병인	무인	경인	임인	갑인
2월	정묘	기묘	신묘	계묘	을묘
3월	무진	경진	임진	갑진	병진
4월	기사	신사	계사	을사	정사
5월	경오	임오	갑오	병오	무오
6월	신미	계미	을미	정미	기미
7월	임신	갑신	병신	무신	경신
8월	계유	을유	정유	기유	신유
9월	갑술	병술	무술	경술	임술
10월	을해	정해	기해	신해	계해
11월	병자	무자	경자	임자	갑자
12월	정축	기축	신축	계축	을축

오행상의 질병관계

목 : 간장, 담, 신경계통, 두면, 중풍, 편도선
화 : 심장, 소장, 눈, 혈압
토 : 위장, 비장, 복부, 피부
금 : 폐, 대장, 근골, 사지, 기관지
수 : 신장, 방광, 혈액

질병은 오행상의 불규칙한 배합이 원인이 된다.

목이 많거나 적으면 간장이나 신경계통의 병이 나며 화가 많거나 적으면 심장, 소장, 눈병에 걸리기 쉬우며 토가 많거나 적으면 위장, 비장, 복부, 피부병 등에 걸리기 쉬우며 금이 많거나 적으면 폐, 대장, 사지, 근골, 뼈가 쑤시고 아픈병에 걸리기 쉬우며 수가 많거나 적으면 신장, 방광, 혈액 계통의 병에 걸리기 쉽다.

사주상에 오행의 불규칙한 배합을 살피니 인 인 인(천권성 3개) 사람은 인은 목이니 목이 왕하여 편중되어 있으니 간장과 신경계통에 병이 있으며 유유유(천인 3개) 묘묘묘(천파 3개) 등 오행이 편중되어 그 기운이 왕하거나 조금 있어서 극해를 당할 때에 그 오행상의 질병을 알아본다.

三. 12지에 따른 귀신

자(천귀) : 조상중에 불도를 지극히 공경하다 죽은 신, 수살귀(용궁에 치성 해원하라)

축(천액) : 객사신, 중풍으로간 신(선조님전에 조상해원을 하라)

인(천권) : 애기혼신, 혼인 못하고 죽은 신, 산벌로 죽은 신, 총이나 칼에 맞아 죽은신(산실줄로 풀어라)

묘(천파) : 부모 동기간 객사신, 청춘 원한귀(부처님 전에서 해원하라)

진(천간) : 불도닦다 죽은신, 벼슬대감신, 의술, 점술가죽은신,(용궁줄이나 불사줄에 치성 해원하라)

사(천문) : 조상 청춘귀, 정신 간질로간 신, 무자신.(산신줄에 있으니 산에가서 해원하라)

오(천복) : 남녀동기 애기혼신, 객사귀신,(천신님께 치성 해원하라)

미(천역) : 객사귀, 벼슬, 대감신, 동기일신 청춘귀(불사줄이나 산신님께 치성 해원하라)

신(천고) : 무자혼신, 해산귀 동자신, 말명대신(용왕줄이나 불사줄에 치성 해원하라)

유(천인) : 총, 칼, 수술하다 죽은신, 애기혼신, 청춘애혼귀(칠성줄에 기도 해원하라)

술(천예) : 불도닦다 죽은신, 벼슬대감신, 의술, 점술하다 죽은신(조상전에 해원 치성하라)

해(천수) : 청춘귀, 피부정신(해산귀)(용궁 불사줄에 치성 해원하라)

많은 사람들의 일생 운명을 판단함에 있어 그 변통의 묘리를 잘 살펴서 신령님들의 강림한 영과 통합 판단해야 적중하며 사람들의 상, 중, 하 격등을 참작해야 함을 잊어서는 안되겠다. 무리한 금전을 요구하여 치부하면 영계(하늘)의 벌을받으며 당대에 안받으면 후손에게까지 내려가 받아야 한다는 사실을 잘 알아서 사회에서 지탄 받는 일이 없어야 하겠다.

실제 보는법

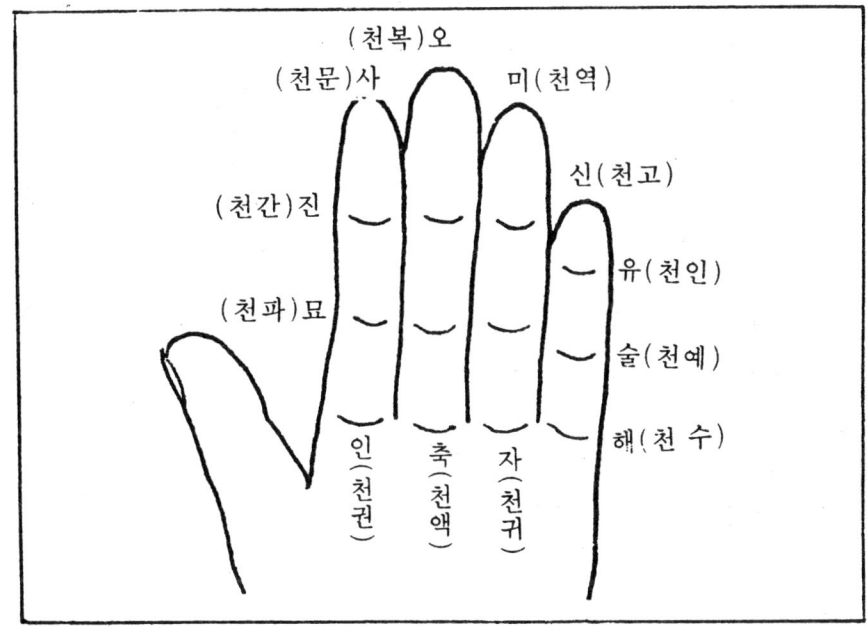

환산법

먼저 나이(띠)를 짚어야 한다.

다음 띠에서 생월달을 세고 그다음 생월달이 닿는 자리에서 생일을 세고 그다음 생일날이 닿는 자리에서 생시를 자시축시 등으로 세어 나가면 된다.

경인년 8월 1일 미시생 여자를 보며는 인(인을 1부터 세어)에서 부터 8을 세어 나가니 유(천인)에 닿는다. 생일이 1일이니 또 유(천인)가 된다. (생일은 월(月)이 닿는자리에서 시작) 시가 미시 이므로 유에서 부터 자시 축시 등으로 미시까지 세어가니 진(전간)에 가 닿는다.

그러므로 위 사주는 인, 유, 유, 진 이니 천권, 천인, 천간성이 된다. 인(천권) 유(천인)가 원진이며 또 유(천인) 유(천인)가 나란하여 닿으니 산신, 칠성장군 뿌리가 닿으니 선거리 만신몸이 되었다.

처음에는 몹시 앓다가 만신이된 사주다.

유(천인)유(천인)가 있으므로 큰아버지와 삼촌이 6·25때 총에 맞아 죽었다.

① 갑신생 오월 6일 축시생 여자의 경우

갑신은 천고에 닿고 그 자리에서 정월을 세어 유월까지 짚으니 월천액이며 다시 그자리에서 초하루를 시작하여 6일을 짚으니 일 천복성이며 축시는 천역에 해당된다. 따라서 연 천고 월 천액이 되어 초년에 부모를 여의고 고생이 많았으며 남의 손에 길러지고 부부이별하고 자녀도 없이 입산하여 일천복, 시천역으로 중년길에 안정되어 스님으로 활동하고 있다.

② 임오생 2월 5일 오시생 남자

오년에는 천복이요 2월은 천역, 오일은 천수, 오시에는 천문이 되어 유복한 집안에 태어나 사범대학을 졸업하고 교사가 되어 여교사와 결혼하여 2남1녀를 두고 대학원을 마쳐 대학강사로 있다. 효자로 소문나 있으며 성실하고 가정에 충실하여 모범가장 역할을 하고 있다.

시간법
자시 : 전날밤11시-새벽 1시 까지
축시 : 새벽 1시-새벽 3시 까지
인시 : 새벽 3시-새벽 5시 까지
묘시 : 새벽 5시-아침 7시 까지
진시 : 아침 7시-아침 9시 까지
사시 : 아침 9시- 낮11시 까지
오시 :   낮11시-오후 1시 까지
미시 : 오후 1시-오후 3시 까지
신시 : 오후 3시-오후 5시 까지
유시 : 오후 5시-오후 7시 까지
술시 : 저녁 7시- 밤 9시 까지
해시 :   밤 9시- 밤11시 까지

당사주 행년운
나이(띠) : 초년운으로 보며 조상운으로 본다.
난달　　 : 청년운으로 보며 부모형제 운으로 본다.
난날　　 : 중년운으로 보며 배우자와의 관계도 참작해 본다.

난시　　　：말년운으로 보며 자식운으로 본다.

그러나 전반적인 운은 좋은별과 나쁜별들이 어떻게 배합했는가를 살펴야 한다.

가령 천액이 있고 천복이 있을 경우는 액의 영향을 많이 받으며 원진살 작용을 먼저 보아야 한다.

항시 좋은별(星)과 나쁜별이 앞과 뒤 아무데나 있으면 나쁜별(星)에 작용을 더 많이 받는다.

행년운법

　난해(띠)：7세-15세 까지 보며(유년기)
　난달　　：16세-25세 사이로 보며(청소년)
　난날　　：26세-50세 사이로 보며(장년)
　난시　　：51세 이후로 본다.(노년)

제6장 연월일시의 길흉

. 생년

자년생(쥐띠)

갑자 병자 무자 경자 임자생이 모두 자년생이며 띠로는 쥐띠에 해당한다. 이 해에 난 사람은 성품이 날카롭고 냉정하며 낭만적이면서도 까다로운 면이 있어 아무에게나 마음을 잘 주지 아니한다. 경우에 따라 후할 때는 한 없이 후하고 박할 때는 한 없이 박하다. 부귀의 가문에서 출생하여 고고하게 자라지 않았으면 청빈하고 뼈 있는 집안의 자손으로 태어나 비교적 사회 물정에 어둡고 때묻지 않은 고상한 성격을 지니고 있다. 자년생은 천부적으로 타고난 재치가 있으나 자존심 때문에 아무하고나 친숙 화합하지 못하는 결점이 있으므로 사람을 상대로 하는 상업, 사업, 쎄일즈맨 등의 직업보다 사무직, 기술자, 문학, 예술, 교육자 계통의 직업이 적합하다. 자년생은 일생 풍상과 성패와 굴곡이 많다. 초년 호강하였으면 중년부터 운이 침체되고, 초년 고생 하였으면 말년부터는 명예도 얻고 재물도 모아 안락한 생활을 누린다.

자년생은 寅년에 삼재가 들어 卯·辰년까지 머물렀다가 巳년에 나간다.

자년생은 소띠(육합) 용띠·원숭이 띠(삼합)와는 합이 되고, 양띠와는 원진살이오, 말띠(충) 닭띠와는 충파가 된다.

子年生은 子가 장성, 寅이 역마, 辰이 화개, 巳가 겁살, 酉가 도화, 寅이 고신살(남자), 戌이 과숙(여자), 寅이 상문, 戌이 조객살이다.

축년생(소띠)

을축, 정축, 기축, 신축, 계축 생이 모두 축년생(丑年生)이며 모두 소띠다.

이 해에 출생한 사람은 말이 적고 무게가 있으며 정직하고 참을성 있고 부지런하고 성실하지만 한 번 비위에 틀려 고집이 나면 백만금을 주고 달래고 설득할지라도 까딱도 하지 않는다. 띠가 말해주듯이 약삭바르다든가 잔꾀 따위를 부리기 싫어하여 무슨 일에나 남보다 앞장서는 일이 없어 그만큼 뒤떨어지기도 하지만 반면에는 크게 실패하거나 좌절하지도 않는다. 겉보다 속이 밝고 궁리가 깊다. 대개 부모에게서 물려받은 유산이 없거나 있더라도 변변치 못하여 고향을 떠나가 타향에서 자수성가한다. 땅을 파서 금을 얻는 격이오 흙을 쌓아 산을 이루는 격이니 몸은 비록 고되고 일은 분주하나 노력하면 할수록 그만큼의 보람이 있다. 초년에 부모궁의 결점이 없으면 한 번 크게 다치거나 병치레로 고생하며 중년에 풍상이 있고 말년은 자녀들의 효도를 받는다.

丑年生은 亥년에 삼재가 들어 子, 丑년까지 삼년간 삼재운이라 한다.

축년생은 쥐띠(육합), 뱀띠, 닭띠(삼합)와는 합이 되고, 말띠와는 원진살이오 양띠와 충이요, 용띠와는 파, 말띠와는 해가 된다.

丑年生은 酉가 장성, 亥가 역마, 丑이 화개성이다. 또는 寅이 겁살·고신살(남자) 午가 도화, 戌이 과숙(여자), 卯가 상문, 亥가 조객이다.

인년생(범띠)

병인, 무인, 경인, 임인, 갑인생이 모두 인년생이며 모두 범띠다.

인년생은 성질이 활발하고 외향적이므로 하고 싶은 말을 속에 담아 두지 못한다. 솔직하고 자신에 차 있으므로 모든 일에 패기가 만만하다. 남에게 아부하거나 굽히기를 싫어하여 경우에 따라서는 미움을 받는 경우도 있다. 또는 의협심도 많아서 남을 일단 도와주겠다고 마음먹은 이상에는 어떠한 어려움과 손해가 있어도 이를 불구한다. 너무 일을 급히 서두르거나 자신만 갖고 조심성없이 축수하다가 실패하는 경우도 많다. 그러나 운세는 왕성하여 사업이 활발하고 관운도 좋다.

寅年生은 申년에 삼재가 들어 酉·戌년까지 삼년간 삼재운이라 한다.

寅年生은 돼지띠(육합), 말띠, 개띠(삼합)와는 합이 되고, 닭띠와는 원진살이오, 원숭이띠, 뱀띠와는 서로 충하고 해한다.

寅년생은 午가 장성, 申이 역마, 戌이 화개성이오, 또는 亥가 겁살, 巳가 고신살(남자) 丑이 과숙살(여자) 卯가 도화살이다. 辰상문 子가 조객살이다.

묘년생(토끼띠)

정묘 기묘 신묘 계묘 을묘생이 모두 묘년생(卯年生)으로 토끼띠가 된다.

묘년생은 일생 번화하여 잠시도 머무를 사이가 없이 이것 저것 계획을 세워 몸과 마음이 바쁘다. 어찌 보면 물속에 잠긴 용이 하늘에 오르고자 하는 기상에 비유할 수 있다. 운이 한참 트일 때는 따뜻한 봄 동산에 온갖 꽃이 활짝 피고 만가지 초목은 파릇파릇 잎이 돋아나는 것처럼 모든 사람이 부러워할만큼 한껏 행복을 누리지만 이 행복이 일생동안 이어지지 않고 좋았다 나빴다 한다. 대개 용모가 단정하고 유순하나 무슨 일을 끝까지 밀고나가는 인내력이 부족하며 권태증과 변태가 심할 뿐 아니라 사치를 좋아하여 돈이 헤프고 바람기가 많아 이성의 유혹에 잘 넘어가는가 하면 이성이 잘따르기도 하는데 이로 인하여 망신할 우려가 있다. 의리보다 세력과 이해관계를 따져 사람을 사귄다. 그러므로 일생 의식문제로 궁지에 빠지는 일이 없고 큰 부자도 바라기 어려우며 어쨌든지 돈은 배짱껏 쓰고 산다.

묘년생은 개띠(육합) 돼지띠·양띠(삼합)와는 합이 되고, 원숭이띠와는 원진살이오 닭띠·말띠·용띠와는 충·파·해가 된다.

卯년생은 卯가 장성, 巳가 역마, 未가 화개성이오 申이 겁살, 子가 도화살, 巳가 고신살(남자) 또는 상문이요 丑이 과숙살(여자) 또는 조객살이며 申이 혈인살이다. 卯생은 巳년에 삼재가 들어 午·未년까지 삼년간이 삼재운.

진년생(용띠)

무진 경진 임진 갑진 병진생이 모두 진년생(辰年生)으로 용띠가 된다.

이 해에 난 사람은 뱃장이 세고 임기응변하는 수단이 좋아 수완가라는 말을 듣게 되며 자부심 승부심이 많아 남에게 지기를 싫어한다. 숙기가 좋아 사람들과 교제가 활발하며 어떠한 궁지에 빠져도 좌절하지 않고 확고한 신념으로 밀고 나가는 끈기가 있다. 호걸다운 면모가 보여 남의 일도 곧잘 보아주며 모험심이 강하여 투기성 있는 일에 손대기를 잘하므로 기적같이 크게 성공하는가 하면 어떤 때는 수습할 수 없는 곤경에 처하기도 한다. 대개 의식주의 걱정은 없으며 모아논 재물이 없어 하루 벌어 하루 사는 권도살림을 할지라도 남보다 잘 먹고 잘 입고 잘 쓴다. 경우에 따라서는 수만 군졸을 거느리는 대장이 되거나 일국의 재상이 되기도 하고 또는 수십억대의 갑부나 재벌이 되기도 한다.

辰年生은 寅년에 삼재가 들어 卯, 辰년까지 三년간 삼재운이라 한다.

진년생은 닭띠(육합), 쥐띠, 원숭이띠(삼합)와는 합이 되고, 개띠(충)·소띠·토끼띠와는 충파가 되며 돼지띠와는 원진살이다.

辰년생은 子가 장성, 寅이 역마, 辰이 화개성이오, 巳가 겁살·고신(남자)이고 酉가 도화, 丑이 과숙살(여자)이며 卯가 혈인살, 午가 상문, 寅이 조객이다.

사년생(뱀띠)

기사 신사 계사 을사 정사생이 모두 사년생(巳年生)으로 뱀띠가 된다.

위와 같은 해에 출생한 사람은 대개 무(武)보다 문(文)을 숭상한다. 성품이 고상하고 용모단정한데 약간 자유분방한 면이 있으면서도 도덕관념이 강하여 윗사람을 존경할줄 알고 언어와 행동이 정직하다. 그러므로 사리에 맞지 않는 남의 공것 같은 것을 바라지 않고 까닭없이 남을 동정하여 선심같은 것도 베풀기 싫어하므로 간혹 짜다는 평도 듣는다. 부지런하고 붙임성이 있어 외교수단도 좋으나 인덕이 없고 도리어 남을 믿었다가 큰 실패를 당하는 경우도 있다. 외부내빈 격이라서 얼핏 보기에는 매우 좋은것 같으나 실속이 적고 일생 남이 모르는 근심이 있다. 이 사람은 고생 끝에 행복을 누리는 운이니 초년에 부귀가문에 태어나 행복을 누렸으면 중년부터 곤액이 많고 반대로 초년에 어렵게 지냈으면 사십 이후부터 운이 트여 부귀를 누리게 된다. 직업은 종교 예술 사무직 계통이 길하다.

巳년생은 亥년에 삼재가 들어 子, 丑년까지 三년간을 삼재운이라 한다.

사년생은 원숭이띠(육합), 닭띠·소띠(삼합)와는 합이 되고, 돼지띠·범띠와는 서로 충하고, 해하며, 개띠와는 원진살이 된다.

巳년생은 酉가 장성, 亥가 역마, 丑이 화개성이오, 寅이 겁살, 午가 도화살, 申 고신살(남자), 辰이 과숙살(여자), 酉가 혈인살, 未가 상문, 卯가 조객이다.

오년생(말띠)

경오 임오 갑오 병오 무오생이 모두 오년생(午年生)이며 띠는 말띠다.

이 해에 태어난 사람은 장부다운 활달한 성격에 참을성이 적고 급하며 무슨 일이거나 자기 마음속에 넣어 두지 못하고 다 토설하기를 좋아한다. 그러면서도 외관내심하여 겉으로는 퍽 친절한 듯하나 그 속마음은 냉혹하고 박정한 예가 많다. 조용한 환경에서는 따분한 생각이 들어 이리저리 번화한 곳을 찾아 다니기를 좋아하고, 사치를 좋아하여 돈이 헤프다. 없어도 기를 죽기 싫어 있는체를 잘하며 사람들과 교제도 능숙하지만 진심을 주는 일이 적다. 그러므로 남과 친하기도 잘하고 떨어지기도 잘한다. 일생굴곡이 심하여 운이 좋은 때는 한 없이 번창하여 안되는 일이 없고, 운이 물러설 때는 손재 우환 관재 구설 등 재앙이 한꺼번에 밀어닥친다. 그러나 또 이런 재앙이 묘하게도 저절로 처리되어 한 숨 돌리는 이상한 운이다. 어쨌든지 큰 어려움 없이 의식 문제는 해결된다. 마치 하늘이 돌봐주는 것 같다. 반은 길하고 반은 흉하니 초년 호강 하였으면 말년 곤궁하고, 초년 고생하였으면 말년 영화를 누릴 것이다.

午년생은 申년에 삼재가 들어 酉·戌년까지 삼년간 삼재운이다.

오년생은 양띠(육합)·범띠·개띠(삼합)와 합이 되고, 소띠와는 원진이오, 쥐띠·토끼띠와는 서로 충하고 파한다.

午년생은 午가 장성, 申이 역마, 戌이 화개성이오, 亥가 겁살, 申이 고신(남자), 辰이 과숙살(여자), 卯가 도화살, 그리고 또 申이 상문, 辰이 조객·혈인살이 된다.

미년생(양띠)

신미 계미 을미 정미 기미생이 모두 미년생(未年生)으로 말띠가 된다.

이 미년생은 초목이 서리와 찬 바람을 만난 격이라 일생 풍상이 많고 신세가 가련하여 탄식으로 세월을 보낸다. 일찍 숙달하여 나이에 비해 노련한 듯 하지만은 실은 그 반대로 나이보다 어린 짓을 예사로 하며 심지어는 아무리 나이가 많아도 철부지 짓을 한다. 일생에 쓸데 없는 근심을 많이 하고 대수롭게 생각할 일도 근심하고 궁리를 거듭하지만 막상 심각히 처리할 일에는 즉흥적으로 결정하여 손해를 당하는 예가 적지 않다. 인덕이 없어 잘한 일에 공이 없고 원대한 뜻을 성취 못하니 여한이 많은 운명이다. 그러나 운은 비록 박하지만 부동산 같은 부모유산을 받는다면 묘하게도 그것이 가치가 오르고 또 유산을 지키고 늘리면서 남부럽지 않게 산다.

未년생은 巳년에 삼재가 들어 午·未년까지 삼년간 삼재운이다.

미년생은 말띠(육합)·돼지띠·토끼띠(삼합)와는 합이 되고, 쥐띠와는 원진살이오, 소띠·개띠와는 서로 충파가 된다.

未년생은 卯가 장성, 巳가 역마, 未가 화개성이오, 申이 겁살, 子가 도화, 申이 고신살(남자), 辰이 과숙살(여자), 戌이 혈인, 酉가 상문, 巳가 조객살이다.

신년생(원숭이띠)

임신 갑신 병신 무신 경신생이 모두 신년생(申年生)이니 원숭이띠가 된다.

이 신년생은 성품이 활발하고 숙기가 좋아 여러 사람과 교제가 넓은데 성질이 급하여 듣는 사람이 어떻게 생각하거나를 고려해보지 않고 과감하게 말하는 경향이 있으므로 이로 인한 비난도 듣는다. 도량이 좁아 꽁한 생각을 잘하고 좋아도 못참고 나빠도 못 참아 금시 성냈다가 금시 풀린다. 부지런하고 몸을 아끼지 않는 면이 있으므로 마음에 드는 사람이면 손해를 보아가면서라도 도와주기를 좋아한다. 부모 덕이 없어 일찍 고향을 떠나 초년에 풍상을 겪기도 한다. 남을 업신여기지만 불쌍한 사람을 보면 측은한 생각이 들어 아낌없는 동정도 발한다. 귀인의 도움이 있고 재운도 따르나 자기 스스로 실패한다. 초년 중년에 곤궁하였으면 말년에 복록을 누린다. 여색을 삼가하고 투기사업에 손대지 마라. 농사를 경영하거나 군인이 되었으면 근심 없이 일생을 지낼 것이다.

申년생은 寅년에 삼재가 들어 卯·辰년까지 三년간 삼재운이다.

신년생은 원숭이띠(육합) 쥐띠·용띠(삼합)와 합이 되고 토끼띠와는 원진이오 범띠 돼지 띠와는 서로 충과 해가 된다.

申년생은 子가 장성이오, 寅이 역마, 辰이 화개성이다. 亥가 고신, 未가 과숙살이오, 巳가 겁살·혈인살, 酉가 도화살, 戌이 상문, 午가 조객살이다.

유년생(닭띠)

계유 을유 정유 기유 신유년생을 모두 유년생(酉年生)이니 즉 닭띠다.

이 유년생은 성품이 활발하고 개방적이므로 사람들과 교제가 많다. 일에 임하여 꼼꼼하고 재주가 있다. 명예를 중히 여기고 의를 지키면 길하지만 약간의 재주만 믿고 허황한 욕심을 부리다가는 일을 그르치는 경우가 많다.

모든 일을 시작할 때는 열의를 보여 불일어나듯 하지만 차츰 일이 까다로와지면서 열의도 식고 용두사미격이 된다. 혹 이성관계가 복잡하여 이로 인한 손재가 적지 않고 구설수도 있으리니 주의하라. 직장·사업을 막론하고 일시에 왕성하였다가 일시에 몰락하기 쉬운 운이니 성공하였을 때에 이를 염두에 두어 직장에서는 성실 겸손하고, 사업은 근면하고 대인관계를 원활히 하면 좋을 것이다. 그리고 돈이 있다 해서 사치와 방탕성 등으로 흥청망청 쓰고 보면 곧 후회할 날이 올 것이니 이 점을 주의해야 한다.

酉년생은 亥년에 삼재가 들어 子, 丑년까지 三년간 삼재운이다.

유년생은 용띠(육합), 뱀띠·소띠(삼합)와는 합이 되고, 범띠와는 원진살이오 토끼띠 쥐띠 개띠와는 서로 충과 파와 해가 된다.

酉년생은 酉가 장성이오 亥가 역마, 丑이 화개성이오, 寅이 겁살, 午가 도화살, 亥가 고신(남자)과 상문살, 혈인살이며, 未가 과숙(여자), 조객살이다.

술년생(개띠)

갑술 병술 무술 경술 임술생이 모두 술년생(戌年生)으로 개띠가 된다.

이 술년생은 청렴 정직하고 거짓이 없으나 과격한 성격으로 무조건 자기 주장만 내세우려 하는 까닭에 귀먹은 구설을 많이 듣는다. 뿐만 아니라 모든 일을 자기 위주로 생각하여 남의 입장은 고려하지 않고 처리하는 경향이 있으며 자기에게 무조건 아부하는 사람에게는 간이라도 빼어 주려 하고, 자기를 비판한다든가 자기와 대립적으로 나오면 그 사람의 잘 잘못은 불구하고 적개심을 갖거나 심한 경우 원수같이 여긴다. 또 너그럽게 사람을 용서하는 도량이 넓지 못하고 비위를 건드리기만 하면 선악을 불문하고 이를 갈며 덤빈다. 이해관계가 없으면 박정하게 대하며 특히 여색을 좋아하여 여자에게만은 후하고 또 미와 추를 가리지 않을 뿐 아니라 체면도 돌아보지 않는 사람의 예가 비교적 많다. 구변이 유창하여 둘러붙이는데 능하므로 그 내심을 모르는 사람이면 상당한 호감을 갖는다.

운수는 근면 성실하면 실패가 적다. 초년은 고생하는데 유산이 없고 만일 유산이 있으면 자기 손으로 탕진하고 자수성가한다.

戌년생은 申년에 삼재가 들어 酉·戌년까지 三년간 삼재운이다.

술년생은 토끼띠(육합)·범띠·말띠(삼합)와 합이 되고, 뱀띠와는 원진이오, 용띠·양띠·닭띠와는 서로 충하고 파하고 해한다.

戌년생은 午가 장성, 신이 역마, 戌이 화개성이오, 亥가 겁살·고신살(남자), 卯가 도화살, 未가 과숙살(여자), 午에 혈인살, 子가 상문, 申이 조객살이다.

해년생(돼지띠)

을해 정해 기해 신해 계해생이 모두 해년생(亥年生)으로 돼지띠다.

이 해년생은 겸양하는 미덕이 있고 남을 어려워하며 의리와 인정이 많아 남의 어려운 일을 보면 의협심이 발하여 그것을 구해주려 하고 자기 일처럼 안타까와 한다. 한쪽에 치우치지 않고 공정하며 사물에 밝아 시비 흑백을 잘 판단한다. 또는 말이 적고 잔꾀를 부리지 아니하며 겉과 속이 다르지 아니하므로 주변 사람들의 존경과 신망을 받으며 산다.

운수는 산골짝에서 끊임없이 흘러내리는 샘물처럼 재물의 근원이 마르지 아니한다. 때문에 평생 의식이 궁하지 않고 금은 보배가 가득하며 차차 갈수록 운수가 대통한다. 관운도 좋으니 웬만큼만 공부하였으면 일찍 벼슬을 얻어 상당한 지위에 오른다. 비록 초중년에 고생이 있다 할지라도 중년 말부터는 큰 복록을 누릴 것이다. 평생 뱀띠·말띠와 巳午년을 주의하라.

亥년생은 巳년에 삼재가 들어 午·未년까지 三년간은 삼재운이다.

해년생은 범띠(육합) 닭띠, 소띠(삼합)와 합이 되고, 용띠와는 원진이오 뱀띠, 원숭이띠와는 서로 충과 해가 된다.

亥년생은 卯가 장성, 巳가 역마, 未가 화개성이오, 申이 겁살, 子가 도화, 혈인살이며, 寅이 고신살(남자), 戌이 과숙살(여자), 표이 상문, 酉가 조객살이다.

二. 생월(生月)

정월생(正月生)

정월에 출생한 사람은 운세가 아침에 돋는 태양처럼 빛나고 성한다. 재주 있고 운이 왕하며 귀인의 도움이 많다. 그러나 욕심이 지나치고 포부가 지나쳐서 일이 마음과 같이 안되는 때가 많다. 친절하고, 사람 도와주기를 좋아하고, 역시 남에게도 도움을 받아 사방에서 재물을 모음으로 부자가 되어 편안히 생애를 누리며 일생중 큰 근심은 없다.

십일, 이십일, 삼십일세 등 일세 되는 나이와 해마다 칠월을 주의하라.

정월생은 출생한 연월일시 천간에 丁이 있으면 천덕귀인이오 丙이 있으면 월덕귀인이라 하여 귀인이 도와주는 별이며 午가 오귀살(질병)이오 寅이 있으면 소아마비나 다리불구될 근심이 있고 또 불에 데기 쉽다.

이월생(二月生)

이월에 출생한 사람은 외관내심으로 겉으로는 좋은 척하나 속으로는 그렇지 아니하며 경위를 잘 가려 대를 쪼개놓듯 옳고 그른 판단을 냉정히 내린다. 이성교제가 능하고 따라서 이성에게 후하다 보니 친척간에는 박하고 소홀한 면이 있으므로 친척과 불합하고, 육친과도 정이 없어 고향을 멀리 떠나가 타향에서 세월을 보내는 팔자다. 이월생은 운수가 그다지 나쁘지 않으나 뜻과 같이 성취하지는 못한다. 그리고 의외의 사람에게 생각치도 못한 도움을 받거나, 자신이 남이 엄두도 못낸 일을 뜻밖에 해냄으로서 여러 사람들을 깜짝 놀라게 하는 경우도 있다.

사십세부터 소망이 성취되며 차츰 재산이 늘어 오십이 넘으면 안락하게 지낸다. 매년 이월과 십이월은 근심이 많은 액달이니 주의하라.

삼월생(三月生)

삼월에 출생한 사람은 성질이 정직하고 너그러우니 윗사람과 여러 사람들에게 신임과 인심을 얻어 출세도 하고 성공도 한다. 다만 화려한 생활을 즐겨 낭비가 심한 탓으로 많은 재산을 없애고 곤궁에 빠질 우려가 있으니 너무 편한 생활과 사치성을 버리고 검소하게 살면 더욱 발전한다. 운세를 말할진대 마치 초목이 봄을 만나 싹이 트기 시작하는 형상이다. 그러므로 나쁘고 막히는 운이 다 끝나고 길운을 맞이하였으니 자신은 물론 선조까지 빛낸다.

초년 후는 고생이 끝나가고 중년부터 점점 서광이 비쳐오기 시작하여 사십세가 지나면 만사가 안되는 일이 없다.

삼십세와 사십세, 그리고 매년 유월을 조심하라.

사월생(四月生)

사월에 출생한 사람은 성품이 유순하고 마음이 약하다. 과단성과 용기가 부족함으로 큰 일은 성취하기 어려우나 인심이 후하고 교제가 능하여 사방에 친구와 도와주는 사람이 많다. 여색을 탐하여 여자 때문에 간간 손해를 보는가 하면 또는 일확천금을 꿈꾸어 허망한 일을 경영하다가 실패를 당하기도 한다. 사월생은 결코 운세가 나쁘지는 않다. 분수를 알아서 허욕을 부리지 말고 여색을 주의할 것이며 굳은 마음으로 끈기 있게 밀고 나가면 상당한 발전을 하여 행복하게 살 것이다. 삼십후로 점차 운이 열려 사십오세를 지나면 태평하다. 이십팔세와 시월은 흉하니 조심하라.

오월생(五月生)

오월에 출생한 사람은 성품이 온화하고 어질고 의협심이 많다. 남의 불쌍한 것을 보면 측은한 마음이 우러나 도와주기를 즐겨한다. 그러므로 남의 일때문에 내 몸을 돌아보지 못하는 수가 많아서 엉뚱한 괴로움을 당하기도 한다. 만일 일찍부터 학업을 닦는데 노력하였으면 학자가 되고 공명에 힘을 쓰면 출세한다. 남의 우두머리가 될지언정 남의 밑에 들어 그 아랫사람 노릇을 하지 못한다. 허망한 일을 경영하지 마라. 다른 일까지 크게 그르친다. 운수는 좋은 편이니 매사에 진실하고 안전성 있는 일만 골라 착수하면 상당한 발전이 기대된다. 삼십팔세부터 점차 길운이 들어 오십삼세에 이르면 자손 재물 직장 사업 가정 등 만사에 근심이 없어진다.

　매년 사월은 불길하니 조심하라.

유월생(六月生)

　유월에 출생한 사람은 상냥하고 애교 있고 영리하며 지혜와 재치가 뛰어나 교묘한 재간을 지니고 있다. 또는 결단성이 있어 무슨 일이든지 끊고 맺음이 분명하여 사람들로부터 신망을 얻는다. 다만 급한 성질과 허황한 뜻이 있어 일을 고려해볼 겨를이 없이 무턱대고 착수하였다가 실패를 당하는 경우도 적지 않으므로 허황한 마음과 급한 성격 이 두가지 주의하면 대길하다. 부모·조상에게서 물려받은 업은 어렵고 일단 실패한 뒤에 가업을 중흥시키는 운이다. 무슨 일에나 자신이 직접 나서지 말고 유능한 사람을 시켜 간접적으로 처리하도록 하면 성공이 빠를 것이다.

　삼십일세부터 운이 열려 점차 발전한다. 삼십륙세 되는 해와 매년 삼월을 조심하라.

칠월생(七月生)

　칠월에 출생한 사람은 일에 꼼꼼하고 치밀하여 물샐 틈이 없으며 이기적이고 독선적이어서 남을 도와주는 듯 자비심을 베푸는 듯하면서도 욕심때문에 손해보는 일은 절대 하지 않으며 무슨 일에나 자기 마음 내키는대로 해나가므로 남에게 귀염을 받지 못하는 경향이 있다. 그러므로 남의 입장을 이해하는데 힘쓰고 가급적 남의 의사를 존중하면 인복이 많을 것이다. 또는 놀기를 좋아하여 근면성이 부족하고 몸을 무척 아끼는데 그것보다도 이성 교제가 많아 이로 인하여 가정불화에 풍파가 자주 일어나니 이를 삼가하면 일생 큰 액은 없다.

　이십팔세에 좋은 사업과 가정을 세우지 못하면 기회를 잃는 것이 되고 사십이세는 액년이니 예방 주의하고 매년 정월은 흉하니 조심하라.

팔월생(八月生)

　팔월에 출생한 사람은 성질이 완고하고 융통성이 부족하여 애당초 부유한 가정에 출생하였거나 이끌어주는 친지가 있어 일찍 좋은 관직을 얻었으면 무방하지만 그렇지 아니하고 빈천한 신분이면 살아나가기가 매우 힘들다. 즉 남의 좋은 의견이나 충고를 받아들이지 않는 고집불통으로 좋은 친교를 끊고 의 절하여 사회대중과 융합되지 못하고 고립되기 때문이다. 그러나 믿는 재주가 있으므로 한번 자기가 하고자는 일은 어떤 어려움이 있어도 기어코 해내고야 마는 장점도 있다. 조업은 지키기 어렵고 중년에 고생이 많으나 삼십오세를 지내면 차츰 좋아지기 시작하여 말년에 안락한 세월을 보낸다.

매년 오월은 흉하니 조심하라.

구월생(九月生)

구월에 출생한 사람은 성질이 원만하고 착실하며 조그마한 재주도 있다. 관직 생활을 하면 큰 출세는 못할지라도 안정된 삶을 누리지만 그렇지 아니하고 사업 등에 손을 대면 경영하는 수단이 없어 한갓 노력과 자금만 허비할 뿐이다. 이 구월생은 대개 초년에 고생 없이 사치스럽게 자란 사람이 많다. 그러나 중년부터는 고생이 따른다. 즉 이십오세부터 삼십삼세까지는 손재수와 질병으로 고생하거나 한차례 관액을 겪는다. 그러나 금전의 인연이 있어 우연한 돈이 생기며 일생을 통하여 심한 궁색은 없다. 말년이 다가갈수록 다시 트이고 삼십구세는 운이 대통한다.

매년 생일달인 구월은 흉하니 조심하라.

시월생(十月生)

시월에 출생한 사람은 성질이 강하고 승부심 질투심이 많아 남에게 뒤지기를 싫어하고 자기가 좋아하는 일이면 남의 비난 따위를 불구하고 감행하며 마음에 드는 사람에게는 간이라도 빼어줄 듯 하지만 비교적 인색하고 짠 편이므로 남에게 좋은 평은 듣지 못한다. 명예를 좋아하고 권위의식도 강하여 없어도 있는체 몰라도 아는체 실속 없는 허세도 잘 부린다. 자기가 살아가기 위한 생활신조가 강하여 끊임없이 노력함으로써 생활의 안정을 이룩하는데 운도 나쁘지는 않은 편이다. 위에 지적한 결점만 고쳐 처세하면 사회적인 신망을 얻어 상당히 발전한다. 사십세가 지난 뒤에는 별로 실패가 없으니 사십이 되는 해와 매년 삼월을 조심하라.

십일월생(十一月生)

동지달에 출생한 사람은 재주가 뛰어나고 남보다 먼저 알아보는 민첩성이 있으므로 사람들의 칭찬을 듣게 되나 본시 성질이 급하고 참을성이 부족한데다가 편협하고 잘아서 좋은 기회가 와도 이리저리 재다가 때를 놓치기가 일쑤이니 큰 일을 해내지 못한다. 자기 일보다 남의 일에 더 성의를 부려 가정사를 돌아보지 않는 경향이 있으므로 가정불화가 생길 염려가 있으니 이 점만 주의하면 가정은 화목한다. 초년은 무슨 일이 시원하게 되어가지는 않아도 별 근심은 없고, 중년이 되어서는 한 번 신고를 겪은 후 말년이 되면 대길하다. 삼십 팔세부터 운이 열리리니 열심으로 활동하라. 의식주에는 근심이 없다. 십일월생은 매년 사월과 십일월을 주의하라.

십이월생(十二月生)

섣달에 출생한 사람은 성품이 정직하고 고지식하며 간사한 마음이 없으나 남을 비판하는데 능하고 까다롭고 번화한 것을 싫어하여 스스로 고독을 자초한다. 지나치게 생각이 깊고 조심성이 많아 아니할 걱정까지 공연히 하는 수도 많다. 심지어는 남의 일까지도 항상 근심하여 이해관계 없는 일을 동정하느라고 생각치 않은 지출도 많이 한다. 또는 색정을 탐하여 이성교제 및 여색으로 인하여 많은 돈을 낭비한다. 이 두가지만 주의하면 반드시 착실히 재산을 모아 부자가 되며 혹은 명성을 크게 떨친다.

십이세와 사십륙세를 조심하고 매년 유월과 십이월을 주의하라.

三, 생일(生日)

일일, 칠일, 십삼일, 십구일, 이십오일

이 날자에 출생한 사람은 금전의 구애는 받지 아니하고 귀인의 도움이 있다. 초년은 평탄히 지내며, 십구세와 이십오세는 일신에 영화가 있고, 남녀를 막론하고 복을 누리며 양친과의 인연도 있다.

이일, 팔일, 십사일, 이십일, 이십륙일

이 날에 출생한 사람은 지식이 만인을 누르고 그 그릇이 크다. 부모와의 인연이 적어 초년에 고생이 많은데 일찍 부모 곁을 떠나가 타관에서 풍상을 겪는 수가 많으며 중년 후에는 운이 열린다. 인덕이 없는 것이 한이다. 이십일세와 삼십삼세가 길운이니 남녀간 귀인을 만나거나 귀히 된다.

삼일, 구일, 십오일, 이십일일, 이십칠일

이 날에 출생한 사람은 가정이 화목하고 식복도 있다. 부부간에 혹 이별수가 있으나 이로 인하여 재산을 날리지는 않는다. 초년에 고생하다가 차츰 좋아져서 말년에 이르면 부귀한다. 특히 사십세와 사십오세가 일생중 운이 열리는 운이니 이 때를 놓치지 마라.

사일, 십일, 십륙일, 이십이일, 이십팔일

이 날에 출생한 사람은 학문을 즐겨하나 깨달음이 둔하여 대학자는 되지 못하나 손재주가 있어 기술계통에 전공하면 크게 성공한다. 운수도 나쁘지 않으므로 금전상의 궁핍은 없다. 그러나 조업은 지키기 어려운 운이여서 삼십전후에 재산을 크게 탕진하고 삼십칠세부터 다시 모이기 시작한다.

오일, 십일일, 십칠일, 이십삼일, 이십구일

이 날에 출생한 사람은 지식이 풍부하며 결단성이 있어 학문 관직 사업 기술계 등 어느 방면으로 나가거나 성공한다. 친척과의 관심이 적은데 금전에는 궁색함이 없다. 이십사세와 삼십륙세는 뜻밖에 재물이 들어오고, 아니면 관직이 영전되거나 남녀간 경사를 본다.

육일, 십이일, 십팔일, 이십사일, 삼십일

이 날자에 출생한 사람은 지혜와 재주가 있다. 학문을 닦았으면 학자가 될 것이며, 성질이 강직하고 용맹하며 사물에도 밝다. 운이 길하여 초년부터 말년에 이르기까지 심한 고생이 없고, 특히 삼십팔세 이후는 운이 대통하여 입신양명한다.

四. 생시(生時)

자시생(子時生)

이 시간에 출생한 사람은 마음이 일정치 못하여 변덕이 심하고 무슨 일에나 자기 마음대로 하기를 좋아한다. 고향을 일찍 이별하고 먼 타관에서 생애한다. 십일세 십팔세 삼십륙세 사십륙세 오십팔세 팔십구세는 실패수가 아니면 신병을 얻으리니 주의하라.

축시생(丑時生)

이 시에 출생한 사람은 부모와는 인연이 박하다. 매사에 주의가 깊고 운수도 길하여 대소사 간에 성취도 잘 된다. 십구세, 이십륙세, 삼십일세, 삼십칠세를 주의하라. 칠십삼세는 큰 액이 있다.

인시생(寅時生)

이 시의 출생인은 성질이 급하고 강하다. 육친과의 인연이 박하여 초년은 신고가 많으나 청년 시절부터 말년까지 계속 발전한다. 이십륙세, 이십구세, 삼십삼세, 삼십구세, 사십구세가 되는 해는 손재 질병이 있으니 주의하라.

묘시생(卯時生)

이 시에 출생한 사람은 부자와의 인연이 박하다. 이성교제가 능하여 이성으로부터 적지 않은 도움을 받는다. 중년까지는 매사에 뜻대로 되지 않으나 말년은 운이 트여 안락하다. 십륙세, 이십칠세, 칠십이세는 큰 재앙이 있는 해이니 주의하라.

진시생(辰時生)

이 시에 출생한 사람은 성품이 몹시 강하여 남의 말을 용납치 아니하며 처자와도 화목을 이루기 어렵다. 그러나 운세가 왕하므로 경영하는 일은 대개 성취한다. 삼십세 이후는 주의하지 않으면 실패가 많다. 십칠세, 이십칠세, 삼십사세, 삼십구세는 액년이니 주의하라.

사시생(巳時生)

이 시에 출생한 사람은 재주가 있으며 운이 길하여 만사가 여의하니 의식주에 궁색함이 없다. 만인이 우러러보는 지위에 오르고 재산도 넉넉하나 형제간의 인연은 박하다. 삼십일세, 삼십오세, 사십칠세는 몸을 크게 다치거나 중병을 앓게 되고 그렇지 않으면 재산을 크게 탕진하리니 주의하라.

오시생(午時生)

이 시에 출생한 사람은 화려한 것을 좋아하고 의협심이 많아 남의 일에도 자기 일같이 생각한다. 개혁을 좋아하여 사업 및 직장을 자주 바꾸는데 여색에 빠지지만 아니하면 큰 실패는 없다. 삼십삼세 이후는 더욱 길하다. 십삼세, 삼십이세, 사십사세는 액년이니 주의하라.

미시생(未時生)

이 시에 출생한 사람은 부부의 인연이 박하며 두 부모 중 한 분을 이별하고 편친 슬하에서 고생하며 자란다. 중년까지는 근심이 많으나 삼십팔세부터는 의식의 구애가 없고 안락하며 만사가 순조롭다. 육십세 전후가 되면 아침에 뜨는 태양처럼 영화롭다. 십오세, 이십오세, 사십칠세를 주의하라.

신시생(申時生)

이 시에 출생한 사람은 부모덕이 적고 성질이 침울하여 활달하지 못하고 소심하다. 재주가 있으니 직장의 근심이 없고 따라서 의식에는 궁핍하지 않다. 십이세, 이십삼세, 사십이세 되는 해는 재앙이 있으니 주의하라.

유시생(酉時生)

이 시에 출생한 사람은 유순하고 친절하며 생각이 깊다. 초년부터 중년까지는 매사가 뜻대로 되지 않으나 사십세를 지나면 차차로 운이 트인다. 사치하는 마음과 이성교제를 삼가하면 안정된 생활을 누린다. 이십이세, 이십팔세, 삼십구세는 재앙이 있다.

술시생(戌時生)

이 시에 출생한 사람은 성질이 박정한 듯하나 슬기롭고 재주가 교묘하다. 성패수가 많으나 하루하루 생활하는데는 궁색함이 없다. 초년부터 중년까지는 비교적 안락하고 삼십삼세 이후부터 신고가 따른다. 삼십오세, 사십팔세, 오십칠세는 흉한 해운이니 조심하라.

해시생(亥時生)

이 시에 출생한 사람은 정직하고 자비심이 많아 인정 베풀기를 좋아한다. 집에 있는 날이 적고 수륙만리로 왕래하며 분주한 세월을 보낸다. 만일 벼슬을 못하거나 사업가가 되지 않으면 타관의 풍상이 중중하리라. 이십사세와 삼십이세가 되는 해는 액년이니 주의하라.

五, 각종 관살

급각관 : 어려서 다리를 다친다.
　봄에 난사람　－해시 자시
　여름에 난사람－묘시 미시
　가을에 난사람－인시 술시
　겨울에 난사람－축시 진시

수화관 : 어려서 물에 빠지거나 불에 데는 살
　봄에 난사람　－술시 미시
　여름에 난사람－축시 진시
　가을에 난사람－유시
　겨울에 난사람－축시

백일관 : 출생일로부터 100일째 되는 날 액을 당하는 살
　1, 4, 7, 10월생－진, 술, 축, 미시
　2, 5, 8, 11월생－인, 신, 사, 해시
　3, 6, 9, 12월생－자, 오, 묘, 유시

단교관 : 물을 건너다 액을 당한다.

1월	2월	3월	4월	5월	6월	7월	8월	9월	10월	11월	12월
인시	묘시	신시	축시	술시	유시	진시	사시	오시	미시	해시	자시

단명관: 명이 짧은 살   신자진생—사시, 인오술생—진시
                        사유축생—인시, 해묘시생—미시

구교(개에게 물릴 액)

인오술생—1, 4, 7, 6, 10월생

사유축생—1, 4, 5, 6, 7, 2, 8, 10, 11, 12월생

신자진생—1, 2, 5, 9, 10, 6, 10, 3월생

해묘미생—1, 2, 3, 4, 5, 7월생

탕화살: 불이나, 연탄집개, 끓는 물 등에 화상 입는다.

 자, 오, 묘, 유생—오시

 인, 신, 사, 해생—인시

 진, 술, 축, 미생—미시

사교(뱀에 물릴액이 있을 사주)

자생—축시   축생—인시   인생—묘시

묘생—진시   진생—사시   사생—오시

오생—미시   미생—신시   신생—유시

유생—술시   술생—해시   해생—자시

관재(관재구설이 많은 사주)

자생—묘진일시   축생—진사일시   인생—사오일시

묘생—오미일시   진생—미신일시   사생—신유일시

오생—유술일시   미생—술해일시   신생—해자일시

유생—자축일시   술생—축인일시   해생—인일시

낙목(나무위나 언덕위에서 떨어지기 쉬운 사주)

 1, 2, 3월생—축미일시

 4, 5, 6월생—진술일시

 7, 8, 9월생—인신일시

10, 11, 12월생—사해일시

결항(목매어 자살할 위험이 있는 사주)

인오술생—경오시   사유축생—신유시

신자진생—임자시   해묘미생—을묘시

곡배(꼽추되기 쉬운 사주)

갑자을축 해중금등 납음 오행으로 본다.

금생 — 신유오해시   목생 — 인묘신시
수생 — 유술미신시   화생 — 인신사미시
토생 — 축인사오시

뇌공(벼락 맞기 쉬운 사주)

자생 — 정월	축생 — 10월	인생 — 7월
묘생 — 4월	진생 — 정월	사생 — 10월
오생 — 7월	미생 — 4월	신생 — 정월
유생 — 10월	술생 — 7월	해생 — 4월

침수(물에 빠지기 쉬운 사주)

봄에 난사람 — 인신월이나 일이나 시에 난사람
여름에 난사람 — 미월이나 미일이나 미시에 난사람
가을에 난사람 — 유월이나 유일이나 유시에 난사람
겨울에 난사람 — 축월이나 축일이나 축시에 난사람들은 물가를 조심해야 한다.

어려서 불이나 물에 주의할 사주

1월 2월 3월생 — 술미일시
4월 5월 6월생 — 축진일시
7월 8월 9월생 — 축술일시
10월 11월 12월생 — 진미일시

오귀관(애기들이 잘 놀라는 사주)

해묘미생 — 축자일시   사유축생 — 축오일시
인오술생 — 묘진일시   신자진생 — 술유일시

집을 새로 지으려면 아래 나이에 따른다.

새로 집을 지어도 좋은 나이
2, 11, 20, 29, 38, 47, 57, 66, 74, 83,
4, 13, 22, 31, 40, 49, 59, 68, 77, 86,
7, 16, 24, 33, 42, 52, 61, 70, 79, 88,
9, 18, 27, 36, 44, 54, 63, 73, 81, 90,

새로 집을 지으면 자기가 해로운 나이
6, 14, 23, 32, 41, 51, 61, 60, 69, 78, 87

새로 집을 지으면 부모가 해로운 나이
3, 12, 21, 30, 39, 48, 58, 67, 76
(부모가 없으면 집을 지어도 무방하다)
새로 집을 지으면 처, 자식이 해로운 나이
1, 10, 19, 28, 37, 46, 56, 64, 73, 82
짐승 축사를 짓지 못하는 나이
8, 17, 26, 34, 43, 53, 62, 71, 80, 89
(집은 지어도 무방하다)
만사가 다 흉하여 짓지 못하는 나이
5, 15, 25, 35, 45, 50, 55, 65, 75, 85,

제7장 육친궁과 수명궁·흉화궁·길복궁

一, 형제궁 : 난해와 달을 기준으로 본다

난띠 난달	포성	태성	양성	생성	욕성	대성	관성	왕성	쇠성	병성	사성	묘성
자년(쥐띠)	사	오	미	신	유	술	해	자	축	인	묘	진
축년(소띠)	인	묘	진	사	오	미	신	유	술	해	자	축
인년(범띠)	해	자	축	인	묘	진	사	오	미	신	유	술
묘년(토끼띠)	신	유	술	해	자	축	인	묘	진	사	오	미
진년(용띠)	사	오	미	신	유	술	해	자	축	인	묘	진
사년(뱀띠)	인	묘	진	사	오	미	신	유	술	해	자	축
오년(말띠)	해	자	축	인	묘	진	사	오	미	신	유	술
미년(양띠)	신	유	술	해	자	축	인	묘	진	사	오	미
신년(원숭이띠)	사	오	미	신	유	술	해	자	축	인	묘	진
유년(닭띠)	인	묘	진	사	오	미	신	유	술	해	자	축
술년(개띠)	해	자	축	인	묘	진	사	오	미	신	유	술
해년(돼지띠)	신	유	술	해	자	축	인	묘	진	사	오	미

포성(胞星) 이 사람은 천상에 옥황상제의 시녀로 있다가 상제께 득죄하고 인간 세상에 쫓겨났도다.
　　서리오는 가을밤에 세 기러기가 각기 날으니 동기간 수는 비록 셋이라 하나 결국 혼자 외롭게 남으리라.
　　태성(胎星) 이 사람은 전생에 하늘 나라의 선관(仙官)으로 있다가 인간세상에 적강하였도다.
　　낙엽지는 가을 달밤에 두 기러기가 함께 날으니 동기간의 수는 형제를 타고 나리라.
　　양성(養星) 전세의 인간이 이생에 다시 탄생하였도다.
　　동정호 물결 위에 세 기러기 같이 날으다가 하나를 이별하니 비록 삼형제 격이라 하나 형제만 남게 되리라.
　　생성(生星) 명나라 때의 귀인이 금세에 환생하였도다. 소상강 물결 위에 세 기러기가 함께 날으니 동기간 수는 삼형제 있어 서로 화목하게 지내리라.
　　욕성(浴星) 천축국의 불제자가 금세에 탄생하였도다.
　　태산 준령 봉우리 위에 두 기러기가 쌍으로 날으니 동기간의 수는 형제가 분명하도다. 우애도 있고 부귀도 누리리라.
　　대성(帶星) 전생에 죄를 짓고 금생에 다시 탄생하였도다 가을밤 달빛 아래 두 기러기가 의좋게 날으니 동기간의 수는 형제가 영화를 보리라.
　　관성(官星) 서역나라 전생인이 금세에 환생하였도다.
　　가을 달 호수위에 세 기러기 날으니 동기간의 수는 삼형제가 의좋게 날으리라
　　왕성(旺星) 천상의 선관(仙官)이 인간세계에 하강하였도다.
　　가을 하늘 달밝은 밤에 다섯 기러기가 가지런히 날으니 동기간의 수는 오형제가 되리라.
　　쇠성(衰星) 옥경의 선인이 금세에 탄생하였도다. 소상강 물결 위에 세 기러기가 각기 날은다. 여동기가 많으면 독신이요 불연이면 형제로다. 혹 셋이면 남북으로 멀리 떨어져 살리라.
　　병성(病星) 전생의 귀인이 인간 세상에 다시 내려왔도다 태산을 가운데 두고 두 기러기가 동서로 분리하니 동기간 수는 비록 둘이라 하나 일신이 고독하리라.
　　사성(死星) 천상에서 옥황상제를 섬기던 선관이 상제께 죄를 짓고 인간세계

에 내려왔도다. 쌀쌀한 가을 밤에 세 기러기가 날으다가 한 기러기는 떨어지는 상이니 본시 삼형제로되 형제만이 남게 되리라.

묘성(墓星) 아미산 신령이 인간으로 탄생하였도다. 십오야 밝은 달빛아래 네 기러기가 사방으로 각기 날은다. 이복 동기가 있으면 삼사 형제요, 불연이면 독신이 되리라.

二, 부부궁 이장에서는 일생일대의 가장 큰 비중을 차지하는 배우자를 선택하여 금슬이 좋은가 나쁜가를 알아보고 이별, 처첩 등의 유무를 설명한다. 부부궁의 유무는 난날에 비친 각별(星)들의 선정을 참작하여 판단해야 적중한다.

난해(띠)와 난월을 살펴서 본다.

가령 자년(쥐띠)생이 5월달에 낳으면 격산을 보고 11월달에 낳으면 입사를 보면 된다. 이하 참조할 것.

난해 난월	상험	격산	구자	화합	상량	오역	보수	입사	이처	중부	중처	극자
자년(쥐)	4월	5월	6월	7월	8월	9월	10월	11월	12월	1월	2월	3월
축년(소)		1	2	3	4	5	6	7	8	9	10	11	12
인년(범)	10	11	12	1	2	3	4	5	6	7	8	9
묘년(토끼)	7	8	9	10	11	12	1	2	3	4	5	6
진년(용)	4	5	6	7	8	9	10	11	12	1	2	3
사년(뱀)	1	2	3	4	5	6	7	8	9	10	11	12
오년(말)	10	11	12	1	2	3	4	5	6	7	8	9
미년(양)	7	8	9	10	11	12	1	2	3	4	5	6
신년(원숭이)	4	5	6	7	8	9	10	11	12	1	2	3
유년(닭)	1	2	3	4	5	6	7	8	9	10	11	12
술년(개)	10	11	12	1	2	3	4	5	6	7	8	9
해년(돼지)	7	8	9	10	11	12	1	2	3	4	5	6

※ 신자진생은 4월부터 인오술생은 10월부터 사유축생은 1월부터 해묘미생은 7월부터 붙여나간다. 4,5,7번째 달 출생은 부부평탄으로 본다.

상혐(相嫌) 부부가 서로 의심을 품으니 집안이 불길하리라.

만일 처와 첩을 거느리지 않으면 재취할 운이로다.

요화가 담장에서 엿보니 초년 풍파가 있으리라. 만일 그런 액을 때며는 말년에는 태평하다.

격산(隔山) 상사천리에 산과 강이 막혔도다. 봄바람 가을달에 눈물로 세월을 보내지 마라. 독수공방 긴긴 세월에 옛 매화에 봄이 왔도다. 해가 중천에 떴으니 중년이후로는 태평하다.

구자(求子) 백년의 금슬은 화목치 못하리라. 자궁에 살이 들었으니 아들없음을 근심하리라. 안에는 아들이 없으나 밖에서 아들을 보아 데리고 들어온다.

요화가 웃고 있으니 반드시 처첩을 본다.

화합(和合) 봄 강가에 햇빛이 고운데 원앙이 서로 즐겨 노닐도다.

요조숙녀가 가랑과 배필을 하였다.

하늘에 연분이 서로 만났으니 백년을 화락하리라. 사십이후에는 목마른 말이 냇물을 마신다.

상량(商量) 백년의 금슬궁은 부부가 서로 화목하다.

재자와 가인이 만났으니 서로 사랑한다.

요화가 담장을 엿보니 남편의 정이 요화에게 간다.

일찍 결혼하면 불리하나 늦은 혼인은 길하다.

오역(忤逆)

서로 등을 지고 앉았으니 금슬이 화목치 못하다.

남편은 외방에 정을 두고 사니 집안이 편치 못하다. 만일 이렇게 살지 않으면 이별을 면치 못한다.

보수(保守) 원앙이 벼개위에 백년을 기약한다.

하늘의 인연이 같이 거하거나 치부할 운명이다.

자손이 창성하니 화기가 넘칠 것이오. 사십 오칠세가 넘으면 년운이 대통한다.

입사(入舍) 두 사람의 정이 각기 다른 곳을 남한다.

하룻밤 광풍에 꽃이 떨어지니 나비가 딴곳으로 날아가는 격이다.

만일 죽어 이별 아니면 생이별할 수이다.

독수공방 몇년후에 다시 좋은 인연을 만난다.

이처(離妻) 화원에 봄이 지나가니 조강지처와 이별수가 있다. 비록 금슬은 좋다하나 이별수를 어찌 면하리. 그렇지 않으면 첩을 거느릴 수로다. 말년의 영화는 자손의 운이다.

중부(重夫) 서쪽으로 해가져서 날이 저물면 홀로 앉아 탄식한다.

사랑하는 마누라는 어디가고 홀로 앉아 독수공방 하는고

세번 혼인할 수니 재취함을 면치 못한다. 초년의 운을 탄식하지 말라. 중년 이후 태평하다.

중처(重妻) 도화살이 거듭거듭 침범하니 도처에 처첩이다.

집안에 있는 조강지처와는 화목치 못한다.

위인은 호탕하여 돈을 물같이 쓴다.

일찍 결혼하면 나쁘고 늦게 결혼하면 길하다.

극자(克子) 가을에 단풍이 드니 근심으로 날을 보낸다.

금슬이 화목치 못할 것이요. 그렇지 못하면 이별한다.

부부금슬이 좋으면 자식을 얻기가 어렵다.

말년은 일신이 태평하다.

三, 자식궁 이장에서는 자식의 다(多) 소(小)와 해하는 살의 유무 및 자식덕 유무도 함께 살핀다. 옛날엔 아들만 자식으로 여겼으나 현재는 딸도 자식중 큰 비중을 차지하므로 여식의 유무도 함께 살핀다. 난년과 난시로 본다.

난해 난시	포성	태성	양성	생성	육성	대성	관성	왕성	쇠성	병성	사성	장성
자년(쥐)	사시	오시	미시	신시	유시	술시	해시	자시	축시	인시	묘시	진시
축년(소)	인	묘	진	사	오	미	신	유	술	해	자	축
인년(범)	해	자	축	인	묘	진	사	오	미	신	유	술
묘년(토끼)	신	유	술	해	자	축	인	묘	진	사	오	미
진년(용)	사	오	미	신	유	술	해	자	축	인	묘	진
사년(뱀)	인	묘	진	사	오	미	신	유	술	해	자	축
오년(말)	해	자	축	인	묘	진	사	오	미	신	유	술
미년(양)	신	유	술	해	자	축	인	묘	진	사	오	미
신년(원숭이)	사	오	미	신	유	술	해	자	축	인	묘	진
유년(닭)	인	묘	진	사	오	미	신	유	술	해	자	축
술년(개)	해	자	축	인	묘	진	사	오	미	신	유	술
해년(돼지)	신	유	술	해	자	축	인	묘	진	사	오	미

보는 요령 : 신자진생은 사시부터

사유축생은 인시부터

인오술생은 해시부터

해묘미생은 신시부터 포를 붙여 나간다.

즉 12신살과 같으나 年기준 시로 본다.

가령 난해가 축년(소띠)생이 난시간이 사시에 포성이며

오시면 태성이니 그 나머지도 이와 같이 보라.

포성(일교) 봄이 보배나무에 돌아오니 한 아들이 영화롭다.

북두칠성님께 정성드리면 두 아들을 기약한다.

만일 세 아들이라면 일자는 중이 되거나 하여 일찍 집을 떠난다.

여식궁을 보자하니 일찍 눈 여식은 키우기가 어렵다.

늦게 여식을 2, 3명 둘 팔자로다. 일명은 화류계로 나갈 여식이니 예술가로 내보내면 길하다. 해마다 칠성님전에 기도 치성하여 액을 막으면 말년엔 자손 창성하여 부귀영화 누린다.

태성(이교) 자식궁에 수는 세아들이 나란히 크리라. 그러나 실패수가 많다.

해마다 안택 고사하면 일자는 큰 벼슬한다.

여식궁에 수는 셋, 넷 여식이 나란한다.

그중 2명은 좋은 배필만나 백년해로하고 부모님께 효도한다.

양성(삼교) 뜰앞의 보배나무는 세가지가 봄을 만났다.

하늘에서 천구살이 들어와 해를 끼치니 자식궁이 불리하다. 칠성님께 치성하면 두자식은 온전하리라. 여식궁을 보자하니 일찍 낳은 여식은 키우기 힘들다.

만일 늦게 두었으면 일명은 키운다.

생성(사교) 봄이 난중에 깊었으니 네가지(네명)가 동영한다.

한홉의 단비에 백화가 만발하도다. 지성으로 산신께 기도하라. 한명의 아들은 귀히 된다.

여식궁을 보자하니 다섯명은 동영하나 그중 일명은 밖에서 낳아 데려 온다.

불연이면 여식 3명은 분명하며 일자일녀는 귀히 된다.

욕성(오교) 자식궁에 운수는 세 아들이 있다.

만일 칠성님께 공드리지 않으면 일찍 둔 자식은 키우기가 어렵다.

여식궁에 수는 둘이 분명하나 키우기가 어렵다. 칠성님전에 지극정성 공드리면 귀한 딸이 되나 만일 공드리지 않으면 여식은 없다. 만일 있어도 부모속을 썩히리라.

해마다 안택고사를 드려라. 가도가 점점 흥하여 부자가 된다.

대성(육교) 혹 이삼자를 두었으나 일찍둔 아들은 기르기가 어렵다. 부처님전에 지극정성 치성발원하면 일자는 둔다.

여식은 사오명이 있을 수며 그중 한 여식은 귀한 사람이 된다.

평생 꺼리는 것은 개고기를 먹지 말라.

자손궁이 두렵다.

관성(칠교) 보배 나무는 세가지로되 두가지가 열매를 맺도다. 천구살이 침노하니 미리 액을 막고 칠성님께 지극정성 공드리면 두아들은 분명하다.

여식궁은 하늘이 도와주어 이, 삼명은 분명하며 그중 한 여식은 귀히 된다.

칠성님 전에 기도발원하면 아들딸이 귀히 된다.

왕성(팔교) 자식궁의 수는 다섯명이 동영한다.

눈앞에 행렬을 이루니 슬하에 경사있다.

한자식은 머리에 계수나무 꽃을 꽂고 나라에 큰 벼슬을 한다.

여식은 일찍두면 키우기 어렵고 늦게 이 삼명은 둘 격이나 한명만 귀히 된다.

쇠성(사교) 자궁에 액이 드니 일찍둔 아들은 키우기 어렵다.

천구살이 해를 하니 예방도액하고 칠성님전에 지극정성 치성하면 두 아들에 영화가 있다.

여식궁에 액이 드니 일찍둔 딸은 키우기가 어렵다.

천구살에 해를 막고 칠성님전에 지극정성 치성하면 늦게 일명두어 영화를 본다.

병성(일교) 운이 병(病)궁에 드니 자손궁이 불길하다.

귀신살이 침노하니 부처님 전에 치성하라. 공이 있으면 일자를 둘 수요. 그렇지 않으면 외방의 처한테 일자를 얻으리라 아니면 무자의 명이다.

여식궁을 보자하니 일찍 낳으면 키우기 힘들고 부처님 전에 치성하면 늦게 일녀를 둘 수 있다. 그렇지 않으면 여식마저 없을 명이다.

사성(양자) 높은 소나무 위험한 가지에 어린이 홀로 서 있다.

명산에 기도하라. 그러하면 일자는 보게 되리라. 그렇지 않으면 외방의 처한테 일자를 둘 격이다. 여식궁을 살펴보니 4명은 있으나 2명만 키우는 명이다.

장성(무자) 자식궁에 액이 있으니 백도에 무자할 팔자이다. 명산에 기도하고 불전에 치성하면 늦게 두아들을 두어 일자는 귀히 된다.

여식궁을 보자하니 자궁에 액이 있고 흉살이 침노하니 명산에 기도하고 불전에 치성하면 늦게 딸 3형제는 둔다.

四, 직업궁 직업은 각 개인이 살아가는데 필요한 물과 같은 것이니 각 개인이 한가지 직업을 가지고 있나니 본 직을 모르고 있는 자가 많으므로 사주에 나타난 적당한 직업을 이 장에서는 자세히 설명하였다.

난 년의 천간과 난월을 대조해서 본다.

예를 들면 갑오년 사월에 난 사람이라면 천간갑과 4월을 보면 타야 목공업이며 을미년 2월에 출생한 사람이라면 천간을 년과 2월을 보면 관인농업이니 이와 같이 된다.

관인(官人) 학문을 부지런히 배웠으면 일찍 벼슬에 오른다.

대인은 재상격이요. 소인은 서리의 벼슬이다.

한번 부르면 백인이 대답하니 만인이 우러러 본다.

농업(農業) 백곡이 유리하니 농업이 가장 길하다. 소와 양이 자연히 번창하고 전장을 넓게 장만한다. 자손 창성하고 부귀하니 다복한 사람이다.

도재(屠宰) 손에 도끼를 들고 날마다 소와 양을 잡는다. 신세를 한탄마라 직업에 귀천이 어디 있으랴. 비록 직업은 천하나 재물이 스스로 이른다.

어상(魚商) 노상에서 거래하니 행상의 팔자이다. 만일 행상이 아니면 어물상이 유리하리라. 주야로 사람을 열역하여 천금을 희롱한다.

서예(書藝) 총명하고 재략이 있으면 글재주가 출충하다. 만일 서회에 능숙지 않으면 손재수가 반드시 묘하다. 혹은 의술로 행할 것이요 혹은 농업도 길하다.

백공(百工) 이 사람이 직업은 기술로 성공한다. 재주와 기술이 묘하니 한가한 때가 없도다. 금과 은과 백공의 업은 의식이 풍족한다.

타야(打冶) 철물에 이가 있으니 쇠를 두드려 생애한다.

일취 월장하니 명성이 자자하다. 부자의 이름을 들으며 석숭같은 부자를 비웃는다.

목공(木工) 만일 쇠를 다루지 아니하면 나무로 재물을 모은다.

생년(천간)	생월	관인 목공	도재 어상	서예 백공	타야 목공	의술 도공	주관 운수	음악 방랑	복술 포수	승도 목축	재봉 교사	곡상 무협	수작 수조
갑년		1월	2월	3월	4월	5월	6월	7월	8월	9월	10월	11월	12월
을년		2	3	4	5	6	7	8	9	10	11	12	1
병년		3	4	5	6	7	8	9	10	11	12	1	2
정년		4	5	6	7	8	9	10	11	12	1	2	3
무년		5	6	7	8	9	10	11	12	1	2	3	4
기년		6	7	8	9	10	11	12	1	2	3	4	5
경년		7	8	9	10	11	12	1	2	3	4	5	6
신년		8	9	10	11	12	1	2	3	4	5	6	7
임년		9	10	11	12	1	2	3	4	5	6	7	8
계년		10	11	12	1	2	3	4	5	6	7	8	9
해		공무원	푸주간	화가	철공소 공장	의사 약사	술장사 여관업	가수 예술자	점술가 침술자	승.목사 무녀 종교가	포목상 양장점 옷점Ⅱ	미곡상	수공업 목수 노동 기술자
역		농사	생선상	금은시계수리공	목재상	도자기 그릇공	운수업	관광업 중개업	경찰 군인 법관	목장 가축업	교수 선생님	군인 경찰 법관	양어장 저술가

정밀한 수예가 있으니 만인이 칭찬한다. 적은 것으로 큰것을 만드니 가산이 풍족하다.

의술(醫術) 재예가 출중하니 돈쓰기를 물같이 한다.

신농씨의 유업으로 의술로 생애하도다. 만약 의약을 다루지 않으면 농업이 가장 길하다.

도공(陶工) 이 사람의 직업은 흙으로 그릇을 만든다. 만인을 열역하니 아지 못하는 사람이 없다.

날로 재물이 흥하니 말년에 태평하다.

주관(酒館) 그대의 팔자는 술장사로 생애한다.
화류가 춘풍에 술파는 행화촌이다.
돈쓰기를 물같이 하니 사람마다 호걸이라 칭한다.
운수(運輸) 이 사람의 실업은 운수사업에서 이를 본다.
남북천리에 분주하여 한가한 날이 없다.
비록 몸은 고되나 의식은 풍족하다.
음악(音樂) 만일 벼슬을 못하면 풍류로 세월을 보낸다.
주사 청루에 호걸 협사로다. 만일 이문이 아니면 동과 서에 유리하다.
방랑(放浪) 강산을 편답하니 천지로 집을 삼는다.
사방에서 재물을 구하여 근근히 의식한다.
초년의 곤곤함을 탄식말라. 후분은 태평하다.
복술(卜術) 이 사람의 팔자는 복술로 재물을 모은다.
혹 지관이 될 것이요, 음택 양택도 잘한다.
성명이 자자하니 사람마다 우러러 본다.
포수(捕獸) 손에 생살권을 잡고 동서에 번거로히 다닌다.
방포일성에 금수가 모두 놀란다.
그릇이 큰 사람이 이 운을 만나면 백만의 대장이 된다.
승도(僧道) 부모와 친척을 버리고 몸을 산문에 위지한다.
솔나무 나복달에 한가히 앉아 염불한다.
목축(牧畜) 이 사람의 실업은 목축으로 생애한다. 전원의 푸른 잔디에 소와 양이 스스로 번성한다. 만일 사십을 지나면 길운이 이른다.
재봉(裁縫) 교역하는 저자에 포목으로 이를 본다. 식록이 남음이 있으니 부자될 사람이다. 여자가 이 운에 이르면 침선으로 유명하다.
교사(教師) 이 사람의 실업은 자제를 후교한다. 선생의 기풍은 산같이 높고 물같이 깊다. 문장이 배에 가득하니 사람마다 보기를 원한다.
곡상(穀商) 백미를 산같이 쌓았으니 양적같은 큰 장사꾼이다.
만인을 열역하니 손에 천금을 희롱한다.
만일 곡상이 아니면 농업이 유리하다.
무협(武俠) 마음이 강직하고 입이 곧으니 타인에게 굴하지 아니하리라. 무예가 출충하니 손에 병권을 잡게 되었다.
무예로 성공하니 만인이 우러러 본다.

수작(修作) 손재주가 출중하니 범인이 따르지 못한다.
평생의 취하는 업은 하지 못하는 바가 없다.
목석을 잘 다루니 날로 흥재한다.

수조(垂釣) 옛날 강태공의 위수에 물가이다. 한조각 외로운 배에 낚시를 드리운 한가한 늙은이다. 부평같은 신세를 한탄말라 후분은 성공한다.

五, 수명궁 이 수명궁에서는 사람들의 각자 타고난 수명과 정명을 살피고 임종시에 종신하는 자식의 수를 알아본다. 요즘같은 현대에 사는 사람들은 자식을 적게 낳고 핵가족 제도이므로 잘 맞지 않을 것이나 사주상의 자기가 임종시 몇자식이나 종신할 것인가를 알아보기로 한다.

보는법 : 난해(띠)와 난시간을 대조해서 본다. 가령 자년(쥐띠)생이 사시에 낳으면 포접이요 묘년(토끼)생이 오시에 낳았으면 사육이 될 것이니 이런 식으로 전부 맞춰 보면 된다.

난해\난시	포접	태재	양천	생지	욕연	대월	관망	왕장	쇠안	병역	사육	장화
자년	사시	오시	미시	신시	유시	술시	해시	자시	축시	인시	묘시	진시
축년	인	묘	진	사	오	미	신	유	술	해	자	축
인년	해	자	축	인	묘	진	사	오	미	신	유	술
묘년	신	유	술	해	자	축	인	묘	진	사	오	미
진년	사	오	미	신	유	술	해	자	축	인	묘	진
사년	인	묘	진	사	오	미	신	유	술	해	자	축
오년	해	자	축	인	묘	진	사	오	미	신	유	술
미년	신	유	술	해	자	축	인	묘	진	사	오	미
신년	사	오	미	신	유	술	해	자	축	인	묘	진
유년	인	묘	진	사	오	미	신	유	술	해	자	축
술년	해	자	축	인	묘	진	사	오	미	신	유	술
해년	신	유	술	해	자	축	인	묘	진	사	오	미

포겁(胞劫) 뜰 앞의 보배나무는 두 아들이 종신한다.

수는 얼마나 되는고. 75세 수명이다.

체병으로 5일만에 목숨이 황천으로 돌아간다.

태재(胎災) 이사람의 천정 수한은 팔십을 기약한다.

슬하에 삼자가 있어 호천망극하다.

사주에 상충살이 있으면 육십오세로 별세한다.

양천(養天) 수한은 얼마나 되는고 78세를 누린다.

뜰악의 난초가지는 두아들이 종신한다.

황천 돌아가는 길은 냉담병인가 한다.

생지(生地) 종신아들을 말하면 삼자를 두게 된다.

수한은 얼마인고 77세가 정명이다. 병이 난지 삼일만에 황천에 돌아간다.

욕연(浴年) 우연히 병이 들으니 백약이 무효이다. 인간의 나이 70으로 황천에 가고 오지 못한다. 슬하에 몇아들을 두었는가 두아들이 종신한다.

대월(帶月) 하늘이 정한 수한은 67세를 산다.

만일 이해를 무사히 넘기면 75세까지 산다.

슬하에 얼마를 두었는고 일자가 종신한다.

관망(冠亡) 중풍이 발작한지 오일만에 황천에 돌아간다. 수한은 얼마인고 75세를 누리도다. 슬하에 얼마를 두었는고 삼자가 종신한다.

왕장(旺將) 만일 육십을 지나면 팔십까지 살게 된다.

칠성에 공드린 바 있으면 두아들이 종신한다.

병상에 누운지 닷새에 황천객이 되어 간다.

쇠안(衰鞍) 칠성님께 공드린 바 있으면 두아들이 종신한다.

수한은 얼나나 살고 76세가 정명이다. 냉담의 병으로 심일만에 별세한다.

병역(病驛) 출행 귀가후 자리에 누워 일어나지 못한다.

향년 75세로 황천에 돌아가리라. 자식궁의 수가 얼마인가 일자 종신하게 된다.

사육(死六) 냉담의 증세로 한달만에 황천에 돌아간다.

지성으로 산제를 드렸으면 일자 종신한다.

수한은 얼마나 되는고. 76세를 산다.

장화(葬華) 수한은 얼마인고 80을 누리게 된다. 다섯 아들 가운데 삼자가 종신한다. 병상에 누운지 칠일만에 황천객이 된다.

六, 흉화액궁 흉화궁은 인간의 운로중 흉액이 불의에 당하는 것을 말하니 상처, 이별, 손재, 관재, 구설 등으로 인하여 잠시 동안이나 일생동안 곤곤하게 지나는 것을 말한다.

생년천간(갑을병정 등)과 자기가 태어난 생월로 본다(이란에 해당이 없는 사주는 흉화살이 없는 것이다.)

가령 임오년생이 6월에 태어났으면 임년 6월을 찾아보니 대패살 천랑살 소랑살이 중중히 들이 있다.

다른 것도 이와같이 보면 된다.

천간(년) 월	갑	을	병	정	무	기	경	신	임	계
고 진	정월	4월	4월	7월	7월	10월	9월	10월	1월	10월
과 숙	4월	10월	4월	4월	10월	1월	7월	7월	4월	1월
대 패	9월	12월	12월	12월	3월	3월	3월	6월	6월	9월
적 랑	5월	11월	12월	5월	5월	11월	2월	8월	3월	2월
팔 패	6월	12월	6월	6월	3월	9월	9월	2월	3월	6월
천 랑	9월	12월	9월	12월	6월	11월	6월	6월	6월	12월
소 랑	5월	3월	1월	7월	5월	10월	1월	8월	6월	10월
패 가	정월	6월	6월	2월	2월	6월	5월	10월	1월	11월
관 재	11월	8월	10월	3월	12월	5월	12월	4월	1월	3월
육 합	8월	5월	7월	10월	9월	12월	10월	3월	2월	6월
대 모	10월	10월	9월	8월	10월	6월	4월	4월	3월	5월
사 관	정월	3월	4월	5월	6월	7월	8월	9월	10월	11월

고진(孤辰) 명에 고진살이 드니 고독한 상이다.

달밤에 동이를 두드리며 신세를 스스로 한탄한다.

동서에 분주하니 타향의 나그네이다.

몇년이나 타향 공방살이를 하였는고 말년에는 편안하다.

남자는 상처하고 여자는 상부한다.

과숙(寡宿) 과숙살이 침입하니 독수공방한다.

광대한 천지에 일신이 의지할 곳이 없다.

천지가 한량없는데 어느날 정을 펴보리.

40이후 점차로 서광의 빛이다.

대패(大敗) 낙화가 지고 벌 나비가 날아 갔으니 금슬이 부족하다.

만일 부부궁에 액이 없으며 화액을 조심하라.

가산을 크게 패하니 동서에 분주하다. 패한 중에 술업으로 성공한다.

곤궁에 처해 있는데 실패수는 어찌 이렇게 많으리.

적랑(赤狼) 옛터를 지키지 말라 재물을 번번히 패한다.

천리 관산에서 홀로 방황하도다. 여자를 따라 타향에 옮겨간다. 손으로써 치패를 하리니 주색을 가까이 하지 말라.

팔패(八敗) 소년시절에 어찌 이다지도 많은 액이 있는고, 천둥 번개소리가 갑자기 일어나니 뭇짐승들이 다 놀라도다. 옛터가 이롭지 못하니 먼길 타향에서 근심으로 세월을 보낸다.

초년의 일은 꼬리는 없고 머리만 있다.

말년에는 편안하다.

천랑(天狼) 바람에 놀라고 범에 놀라니 눈섭아래 떨어진 액이다.

그렇지 않으며는 관재구설을 조심해라. 여자가 이 수에 이르면 무속인의 팔자이다.

깊은 산에 가지마라. 짐승의 피해액이 두렵다.

소랑(小狼) 남자는 상처하고 여자는 상부하리라. 까마귀 날자 배떨어지는 격이니 횡액을 당한다. 형제가 차례를 잃고 부부가 다툰다.

시비를 가까이 말라 구설이 분분하다.

성심으로 기도하면 이 액을 면하게 된다.

파가(破家) 조상이 남긴 재산은 하루아침에 패를 본다.

동에서 먹고 서에서 자니 일신이 분주하도다. 몸이 부평(물에 뜨는 풀)과 같으니 누가 나를 도와주리.

관재(官災) 신운이 비색하니 나쁜 액이 중중하다.

마음은 비록 착하나 하늘이 어찌 돌보지 않는고 시비를 가까이 마라 관재수를 면키 어렵다.

반드시 근신하고 경계하면 가히 이 액을 면한다.

육합(六合) 부부간에 백년 화락한다. 상하가 함께 화목하니 일가가 태평하리라. 사방에서 재물을 모으니 창고에 가득히 쌓이도다. 천을성이 비쳤으니 말년에 부귀한다.

만약 형과 충이 임하면 손재가 빈번하다.

대모(大耗) 천리관산에 객지수가 천연한다.

패가한 아들이요 유리하는 사람이다.

날이 서천에 저무니 부부이별한다. 덕을 쌓고 선을 행하면 액이 사라지고 복이 온다.

사관(四關) 사주에 사관이 있으니 혈혈단신이다.

만일 조실부모 아니하면 형제가 분리한다.

무변 창해에 한잎의 외로운 배다.

만일 승도가 아니되면 수명이 부족한다.

七, 길복궁 이 길복궁은 사주 가운데의 길운을 말하며 길성이 많으면 흉살도 제화한다.

생년 천간(갑, 을, 병, 정 등)과 생시로 본다.

가령 갑오년에 난 사람이 자시에 태어났다 하면 갑년 자시를 보면 왕극, 합은 식증, 인문 등 좋은 길성이 중중하며 을사생이 미시에 태어났으면, 산하가 들어 있음을 알 수 있다. 다른 것도 이와 같이 보면 된다.

| 불가 년중 행사 | 음력 1월 1일 초 신년도 기원법회 | 음력 1월 15일 삼동결제 해재일 | 음력 2월 8일 석가모니 출가일 | 음력 2월 15일 석가모니 열반일 | 음력 4월 8일 석가모니 성탄일 | 음력 4월 15일 문수보살 성탄일 | 음력 7월 15일 우란분절 해재일 | 음력 7월 30일 지장보살 백중일 | 음력 7월 15일 북두칠성 칠석일 | 음력 8월 15일 삼동결제 위재일 | 음력 10월 15일 지장보살 위시일 | 음력 11월 17일 아미타불 성탄일 | 음력 12월 8일 석가모니 성도일 | 십 제 일 | 음력 매월 1일 정광불 제일 | 음력 매월 8일 약사불 제일 | 음력 매월 14일 현각불 제일 | 음력 매월 15일 아미타불 제일 | 음력 매월 18일 지장보살 제일 | 음력 매월 23일 대세음보살 제일 | 음력 매월 24일 관세음보살 제일 | 음력 매월 28일 노사나불 제일 | 음력 매월 29일 약왕보살 제일 | 음력 매월 30일 석가모니불 제일 |

길복궁

시 \ 년	갑년	을년	병년	정년	무년	기년	경년	신년	임년	계년
복 관	유시	신시	묘시	해시	묘시	인시	인시	오시	사시	오시
귀 예	진시	사시	미시	신시	미시	시시	술시	해시	축시	인시
왕 극	자시	오시	유시	묘시	사시	오시	인시	해시	사시	신시
합 을	자시	해시	묘시	인시	오시	사시	오시	사시	유시	인시
식 증	자시	해시	묘시	인시	오시	사시	오시	사시	유시	인시
인 문	자시	해시	묘시	인시	오시	사시	오시	사시	유시	인시
거 부	축시	인시	진시	사시	진시	사시	미시	신시	술시	해시
무 고	사시	축시	사시	미시	사시	미시	해시	축시	해시	자시
산 하	오시	미시	오시	축시	오시	축시	자시	미시	자시	해시
관 인	계시	임시	을시	갑시	정시	병시	기시	무시	신시	경시
시 황	계시	임시	을시	갑시	정시	병시	기시	무시	신시	경시
재 고	무시	기시	경시	신시	임시	계시	갑시	을시	병시	정시

복관(福官) 사주에 복관이 드니 부호의 명이다.

초, 중년은 평평하고 말년은 큰 부자가 된다. 사방에 녹이 있으며 도처에서 재물을 얻는다.

노적창고가 산과 같으니 어찌 금곡을 부러워 하리.

명이 길고 편안하니 오복이 구전하다.

귀예(貴藝) 사방에 두루 다니며 유리하는 선비로다.

횡재수가 있으며 천금이 스스로 이르리라. 만일 처가의 덕이 아니면 양가 (양자 간집)의 재산이다. 이 사람이 하는 일은 일생 분주하다.

왕극(旺極) 귀록에 관인을 찼으니 부귀가 비할길 없다.
한가히 기와집에 앉았으니 일생 태평하다.
하늘에서 기쁨을 주는 별이 비쳐주니 큰 부자의 명이다.
자손이 창성하고 부귀가 왕성하다.
합을(合乙) 명에 합을 드니 귀인의 상이다.
장안의 큰길에 일산이 앞에 떴다.
일생에 영화 있으니 이름을 남긴다.
평생을 즐겨하는 바는 공명에 있다.
산하(山河) 무예가 출중하니 소년출세한다.
몸에 장수인을 찼으니 위엄은 뇌정같다.
한소리 호령에 변방에 있는 오랑캐들을 진압한다.
말머리에 금띠를 두루고 금의환향한다.
관인(官印) 몸에 관인을 띠었으니 벼슬을 할 명이다.
큰 운은 말년이다.
몸에 비단옷을 입고 동자가 시립하였다.
길한 가운데 흉이 있으니 횡액을 조심하여야 한다.
시횡(施橫) 사주에 시횡을 띠었으니 횡재의 운이다.
암중에도 귀록이 있으니 치부할 격이다.
그림같이 높은 집에 부부백년 해로한다.
말년에 운은 몸이 금곡에 들어간다.
재고(財庫) 몸에 재고를 띠었으니 부자의 명을 기약한다.
부부궁을 말하자면 백년 동락한다.
앞뒤에 노적이요 전장도 넓게 장만한다.
간혹 구설수가 있으며 뭇사람들에게 원망도 듣는다.
식증(食增) 높은 누각 큰집에 부부가 함께 앉았다.
운이 식증에 있으니 평생 가난하지 않다.
말년의 운은 창고와 노적이 즐비하다.
이름을 사방에 날리니 누가 부러워 아니한다.
인문(印門) 홀로 높은 자리에 앉았으니 만인이 우러러 본다.
경국제세할 것이요 창생을 안무한다.
만일 고관이 아니되면 오히려 재앙을 입는다.

이 사람의 일은 여난으로 실패한다.

거부(巨富) 음양이 서로 화합하니 부부가 백년해로한다.

부귀와 영달은 인간의 제일이다.

장안의 큰길에 먼지를 일으키며 말을 달린다.

남아가 뜻을 세움은 바로 이때라 한다.

무고(武庫) 몸에 장수의 명패를 찼으니 백만의 원수이다.

손에 병권을 쥐고 군중을 호령한다. 눈앞에 군기가 나부끼니 무수한 병졸을 거느린다. 소년의 곤고함이 말년의 복이 된다.

八, 유년궁 유년이라함은 매년의 운을 보는 것이니 띠를 기준하여 월로써 본다.

월＼년	자	축	인	묘	진	사	오	미	신	유	술	해
소(牛)丑	묘	진	사	오	미	신	유	술	해	자	축	인
범(虎)寅	진	사	오	미	신	유	술	해	자	축	인	묘
토끼(兎)卯	사	오	미	신	유	술	해	자	축	인	묘	진
용(龍)辰	오	미	신	유	술	해	자	축	인	묘	진	사
뱀(蛇)巳	미	신	유	술	해	자	축	인	묘	진	사	오
말(馬)午	신	유	술	해	자	축	인	묘	진	사	오	미
양(羊)未	유	술	해	자	축	인	묘	진	사	오	미	신
원숭이(猴)申	술	해	자	축	인	묘	진	사	오	미	신	유
닭(鷄)酉	해	자	축	인	묘	진	사	오	미	신	유	술
개(狗)戌	자	축	인	묘	진	사	오	미	신	유	술	해
돼지(猪)亥	축	인	묘	진	사	오	미	신	유	술	해	자
쥐(鼠)子	인	묘	진	사	오	미	신	유	술	해	자	축

쥐(鼠) 옛터에 있으면 청천의 해를 본다.
초년에 모든 일이 머리만 있고 꼬리가 없다.
많은 지모가 있으니 때를 따라 변통한다.
일이 번잡하여 경영하는 일이 막힌다.
십 사오세는 꾀꼬리가 유곡에 난다.
이십 오륙세는 관액을 삼가야 한다.
골육의 정이 적으니 모이고 흩어짐이 무상하다.
사십삼사세는 기쁜일이 장차 온다.
사십칠팔세는 북방이사한다.
평생의 귀인은 木星이 인연이 있다.
갑기(甲己) 지년에 영화가 무상하다.
서쪽사람을 가까이 마라 화재가 두렵다.
오십 칠팔세는 반드시 큰 이익을 본다.
귀인이 와서 도우니 가히 횡재를 얻는다.
자손이 만당하야 귀하고 부자된다.
소(牛) 천지가 무정하니 세업은 지키기 어렵다.
언어가 착하나 안에는 심지가 굳다.
일이삼사세에는 천명이 당두한다.
고집이 있고 재물에 인색하여 업을 이룬다.
만약 수화(물, 불)의 재가 있으면 사술(巳戌)年을 조심하라.
열일곱, 여덟에는 화개가 문에 이른다.
이십 오육세는 아들 둘 수요
동서로 분주하게 힘든 생애를 산다.
사십 팔구세는 북쪽 사람을 경계하라.
창녀를 가까이 하지마라 재앙이 두렵다.
남과 사귀는데 평생 강직하다.
관청 출입하면 큰 이득을 본다.
비산비야가 길한 땅이다.
초운이 곤란함을 한하지 마라 후분은 스스로 기쁘다.
범(虎) 위인이 엄숙하야 반드시 권리잡는 것이 있다.
골육의 정이 적으니 구름이 모이고 흩어지는 듯 한다.

일찍 장가들면 이롭지 못하니 꽃이 눈을 만나는 것 같다.
만약 몸에 흠 없으면 얼굴에 흠이 있다.
칠팔 구십세는 천지에 근심이 있다.
열 한두살에는 가히 수(水)화를 삼가해야 한다.
열 다섯 여섯 일곱에는 봄기운이 당도한다.
이십 칠팔세는 영화가 아니면 액이다.
만약 그렇지 아니하면 원앙의 부부이다.
조업을 지키기 어려우니 소리가 시끄럽다.
피로 경영함을 이루니 도처에 권세를 드날린다.
문예나 무술로써 성취한다.
서른 일곱 여덟에 이름이 사해에 가득하다.
이 사람은 평생에 천금을 거래한다.
작은 일로 록을 이루니 재록이 넉넉하다.

토끼(兎) 효도로써 모친을 봉양하니 스님팔자이다.
원래 가업은 없으니 일신이 분주하다.
오육칠팔세에 호랑이가 그물을 벗었다.
옛터는 이롭지 아니하니 떠나면 좋다.
봄꿩이 스스로 우니 실패가 있다.
열 일곱 여덟에는 봄바람에 목단이다.
이십 내외에는 재수가 찾아온다.
이십 팔구세운은 대통의 수이다.
늠름한 모습이요 양양한 의기이다.
삼십이후에 마른 나무가 봄을 만난다.
서른 삼사세에 관액을 조심해야 한다.
사십 일이세는 록을 먹지 않으면 도리어 재앙이 찾아온다.
물가에 살면 반드시 성공한다.
오십이후에는 자손궁에 해가 있다.

용(龍) 고기가 변하여 용이 되니 조화가 무궁하다.
재주와 덕을 겸비하니 금옥이 만당한다.
물가에 살면 자연 재물을 얻는다.
십삼사오세는 원앙이 서로 만난다.

청직한 그 마음이 이름을 날린다.
이십 일이세에는 꽃과 나무가 봄을 만난다.
봄바람이 온화하니 일생이 외롭지 않다.
이십 삼사세에는 귀인이 와서 돕는다.
조혼은 이롭지 않으니 늦게 장가들면 해로한다.
이십 팔구세는 큰 재물의 이득을 해로한다.
사십 삼사세에는 적은 것으로 큰것을 바꾼다.
사십 팔구세에는 운수 대통지수다.

뱀(蛇) 우물고기가 바다에 나니 먼저는 고달프나 나중에 태평하다.
명중에 액이 있으니 세업은 덕이 없다.
재앙없고 병이 적음은 일주가 강함이라.
십 이삼세는 기쁜 소식이 있다.
십 오륙칠세는 목단에 꽃이 핀다.
이십 육칠세는 대길의 수요 일을 경솔히 하지 말라 괴이한 일이 생긴다. 까치가 동서에 깃드리니 누차 이사한다. 만약 학문이 아니면 토지로서 산업을 일으킨다.
서른 여섯 사십 팔세는 재수가 대통한다.
일찍 둔 자녀 기르기 어려우니 무후봉사한다.
운이 옛터에 돌아오니 평안함을 얻는다.
평생의 운은 길흉이 상반이다.

말(馬) 일찍 출세하여 동서로 재물을 얻는다.
성정이 급하나 풀기 쉬우니 안으로 인정이 많다.
십오육칠세는 원앙이 짝을 만난다.
이십 삼사세는 물과 불을 조심해야 한다.
이십 육칠세는 춘풍에 꽃이 핀다.
삼십 삼사세면 대통의 운이요 록이 관에 있으니 귀하게 된다.
만약 귀인이 아니면 교역한다.
사십 삼사세에는 고기가 큰 바다에 들었다.
귀한 별이 비춰 임하니 귀인이 와서 돕는다.
분주히 동서로 다니니 천리에 녹을 이룬다.

양(羊) 동서로 다니는 말이 분주하야 성패가 많다. 여러번 이사하고 허송세월이다.

높은 산에 나무를 심으니 적은 것을 쌓아서 큰 것을 이룬다.

곤고하므로 재물을 얻으니 이로써 타인을 좋아한다. 만약 두어머니가 아니면 무후 봉사하리라.

십칠팔세에는 춘풍이 만발한다.

양공이 옥을 다듬으니 사방에서 녹을 먹는다.

만일 조실 아니하면 타인에게 의탁한다.

비록 부지런히 고생하나 유랑으로 실패한다.

이십 삼사세는 신수가 불편하고 남북에 분주하니 상하지 아니한 곳이 없다.

삼십 육칠세 동에서 패하고 서에서 상한다.

재물은 구름 같이 흩어지고 질병을 얻는다.

삼십 사세와 사십 사이에 만사가 여의하다.

원숭이(猴) 곤하게 재물을 얻으니 타인이 해를 구원한다.

천지가 무정하여 밖으론 가난하나 안으로 부유하다. 명산에 기도하면 매사에 여의하다.

십삼사세에 상을 당하며 그렇지 않으면 원앙이 짝을 맺는다.

십오육세는 봄바람에 목단이다.

열아홉 이십일세에는 순풍에 돛단배요 시비를 가까이 마라 타인의 액이 당도한다. 비둘기 집에 까치가 사니 어린 아기의 해를 본다.

운이 천지에 돌아오니 큰 그릇을 이룬다.

삼십 칠팔세는 운수 대통한다.

동쪽산에서 약을 캐고 남산에 기도하여 도액한다.

모으고 흩어짐이 무상하니 세상일이 구름 같도다.

사십 삼사세는 천금을 희롱한다.

말년 영화는 몸이 금곡(金谷)에 든다.

닭(鷄) 타인을 좋아하여 뜻이 높은데 있다.

잠깐 모이고 잠깐 흩어짐이 비일비재한다.

초년에는 성패가 많고 세업을 지키기가 어렵다.

일이삼사세는 풍질의 액이 많다.

오륙칠팔세는 가업이 흩어진다.

열아홉 이십 팔세에 타인의 액이 있도다.
삼십 일이세에 봄바람의 목단이다.
삼십 삼사세는 신수 대통한다.
사십 삼사세에 가업이 홍융하다.
이름이 원근에 높으니 육친을 만나기 어렵다.
문장이 아니면 풍류를 좋아한다. 다른 이익을 구하지 말라 농사가 제일이다.
오십 일이세에 천금을 손에 쥔다.
개(狗) 마음은 비록 덕이 있으나 초년은 좋지 못하다.
두어머니 아니면 남의 양자 갈 수다.
평생에 성정이 조용한 마음이다.
성정이 곧고 마음이 평하고 겸하여 높은 뜻이 있다.
오륙칠팔세는 낙상할 수다.
십일이세에는 바람 맞은 부평초이다.
십사오세는 원앙이 짝을 이루도다.
삼십구 사십세에는 대통지수로다.
사십삼세 오십이세 의외로 횡재한다.
만약 그렇지 않으면 슬하의 액이 있다.
자손이 만당하여 혹은 부자나 귀하게 된다.
평생을 삼분하면 길흉이 반반이다.
주색을 가까이 말라 손재가 몸을 해한다.
오십오육세는 소나 말 물건을 잃으리.
노고함을 생각지 마라 그로 인해 경사가 있다.
돼지(猪) 천지 무덕하니 세업을 지키기 어렵다.
식록이 장원(長遠)하니 쓰고 닭을 가리지 않는다.
성정이 교묘하여 수시 변통한다.
옛 터는 이롭지 못하니 멀리 타향에 간다.
일이 삼사세는 풍질로 고생한다.
오육칠팔세는 칼날에 다쳐본다.
십오육칠세는 춘풍에 꽃이 핀다.
이십 일이세는 봉황이 낙이로다.

스스로 취하고 스스로 패하니 중년에 실패 있다.
만약 두어머니 아니면 무후봉사한다.
삼십 삼사세는 일신이 평안하고 재물이 왕성하다.
삼십 칠팔세는 깊은 골짜기에 봄이 돌아온다.
평생 꺼리는 바는 물과 불을 조심하라.
사십 일이세는 고기가 변하여 용이 된다.
사십구세 오십운은 대통운수이다.

제8장 래정법

일진기준으로 손님이 찾아오는 시각에 따라 신살을 활용하여 찾아온 목적을 알 수가 있다.

자일 : 자녀양육문제, 비밀스런 일, 새로 시작하고져 하는 일, 감추고 싶은 일
  진시 : 묘이장문제, 종교문제, 은퇴문제
  사시 : 실물, 권리문제, 소송문제
  오시 : 충돌건, 교통사고, 부부이혼, 싸움문제
  미시 : 부부갈등, 질병
  신시 : 새로 시작할 일, 결혼문제, 화합관계
  유시 : 정신갈등, 색정문제

축일 : 동업문제, 계획하고 있는 일
  진시 : 정신불안, 노이로제, 부모문제
  사시 : 이동, 새로 시작할 일, 모친문제
  오시 : 부부갈등, 질병
  미시 : 별거나 부부이혼, 충돌사건
  신시 : 이성문제, 부정(애정)관계
  유시 : 책임맡을 일, 결혼문제

인일 : 권리문제, 큰일, 매듭지을 일, 실행에 옮길 일
  사시 : 수술, 관재소송문제, 이성문제
  오시 : 주도권 문제, 동업할 일
  미시 : 취직문제
  신시 : 여행, 해외, 직장이동, 이사, 사고나 소송문제
  유시 : 병문제, 부부문제, 갈등문제
  술시 : 동업문제, 모이전관계, 종교, 마무리지을 일

묘일 : 진행사의 吉凶여부
　　사시 : 질병, 건강, 물려줄 일
　　오시 : 정리할 일, 질병문제
　　미시 : 동업문제, 마무리지을 일
　　신시 : 부부문제, 꿈해몽, 조상에 관한 일
　　유시 : 이사, 이동문제, 시비싸움, 관재소송
　　술시 : 결혼, 동업관계
진일 : 모사관계일, 불안한 일, 확장할 일
　　사시 : 소송, 관재, 실물, 도난
　　오시 : 정리할 일, 질병문제
　　미시 : 동업문제, 마무리지을 일
　　신시 : 부부문제, 꿈해몽, 조상에 관한 일
　　유시 : 이사, 이동문제, 시비싸움, 관재소송
　　술시 : 결혼, 동업관계
진일 : 모사관계일, 불안할 일, 확장할 일
　　사시 : 소송, 관재, 실물, 도난
　　오시 : 형벌, 건강, 육신상처
　　미시 : 불안한 일, 부친의 문제
　　신시 : 이동, 새출발 문제
　　유시 : 색정, 이성문제, 부부처첩문제
　　술시 : 이사, 변동, 해외, 싸움
사일 : 연구발표, 예술적인 일, 중매, 중개관계사
　　사시 : 시작할 일, 분리이별문제
　　오시 : 이성색정문제, 부부문제
　　미시 : 신병문제, 정신 신경문제
　　신시 : 결혼, 화합문제, 부부갈등
　　유시 : 권리, 주도권 문제
오일 :
　　사시 : 망신스런 일, 부정한 일, 취직건
　　오시 : 주도권문제, 책임질 일
　　미시 : 결혼, 화합 동업관계

신시 : 해외, 여행, 이사, 변동
　　유시 : 질병, 물려줄 일, 정리할 일
미일 :
　　사시 : 해외 여행, 이사, 변동
　　오시 : 질병, 은퇴문제
　　미시 : 정리할 일, 동업문제, 공부관계
　　신시 : 관재 소송, 도난, 실물
　　유시 : 형사사건, 가내우환
신일 :
　　사시 : 관재, 수술, 사고, 시비건
　　오시 : 가내우환, 형사사건, 골치아픈 일
　　미시 : 정신불안, 신경성질환, 부친관계사
　　신시 : 변동, 이사, 새출발, 분가문제
　　유시 : 이성문제, 부부불화
유일 :
　　진시 : 결혼, 동업
　　사시 : 새출발, 이동, 분가
　　오시 : 이성문제, 색정, 가정불화
　　미시 : 정신불안, 신경질환 문제
　　신시 : 가정파탄, 비밀스런 일, 취직 개업문제
　　유시 : 책임질 일, 술집 경영
술일 :
　　사시 : 부정스런 일, 취직건, 개업할 일
　　진시 : 여행, 이사, 변동, 돈벌이 문제
　　오시 : 결혼, 동업, 타인 권고사
　　미시 : 시비, 형사사건, 취직, 이사
　　신시 : 여행, 이사, 변동, 사업, 장사
　　유시 : 질병, 은퇴할 일, 없애야 되는 일
해일 :
　　사시 : 해외, 이사, 변동, 싸움, 부부문제
　　오시 : 질병, 정리할 일

미시 : 결혼, 동업, 학문, 종교문제
신시 : 질병, 도난, 실물
유시 : 새로운 아이디어, 자녀문제

임신한 부인의 아들딸을 아는법

나이\태월	정월	2월	3월	4월	5월	6월	7월	8월	9월	10월	11월	12월
20세	여	여	남	남	남	남	남	남	남	남	남	남
21세	남	여	남	여	여	여	여	여	여	여	여	여
22세	여	남	남	여	여	여	여	여	여	여	여	여
23세	남	남	여	남	남	여	남	여	남	남	남	여
24세	남	여	남	남	여	남	남	여	여	여	여	여
25세	여	남	여	여	남	여	남	남	남	남	남	남
26세	남	여	남	여	남	여	남	여	여	여	여	여
27세	여	남	여	남	여	여	남	남	남	남	여	남
28세	남	여	남	여	여	여	남	남	남	남	여	남
29세	여	남	여	남	남	남	남	남	남	여	여	여
30세	남	여	남	여	여	여	여	여	여	여	여	남
31세	남	여	남	여	여	여	여	여	여	여	남	남
32세	남	여	남	여	여	여	여	여	여	여	남	남
33세	여	남	여	남	여	여	남	여	여	여	남
34세	남	여	남	여	여	여	여	여	여	여	남	남
35세	남	남	여	남	여	남	여	여	여	여	여	남
36세	남	남	남	여	남	여	여	남	남	여	여	여
37세	남	여	남	남	남	여	여	남	여	남	여	남
38세	여	남	여	남	남	여	남	여	남	여	남	여
39세	남	여	남	여	남	여	여	여	남	여	남	남
40세	여	남	여	남	여	남	남	여	남	여	남	여

二, 육임단시점

이 장에서는 단시점에 대해 설명한다.

단시점이란? 간단한 문제들을 손님들이 들어온 시간으로 점을 치는 것을 말한다. 사주는 대국적인 것으로 개개인의 총괄적인 운명을 판단할 수 있어도 예를 들면 과거는 어떠하였고 현재는 어떠한데 미래는 어떻게 될 것이며 육친궁(부모, 형제, 배우자, 자손)은 어떻게 타고난 운명이니 어떻게 하라는 개개인의 전반적인 것을 판단할 수 있어도 그때 그때 일어나는 복잡 다단한 문제들을 풀기에는 난해한 점이 있다.

그러므로 신(神)을 모신 분들에게 신령님들의 영통한 힘을 빌어서 일상 생활에 일어나는 복잡한 문제들을 점치는 것이다.

신령님들의 영통한 힘을 빌면서 글을 풀어 치는 점에는 육효점, 육임점, 구궁점, 귀문둔갑 등 여러가지 법이 있으나 그 중에서 제일 많이 쓰이는 것이 육효점과 육임점이다.

육효점은 주역팔괘를 기초로 하여 한괘에 육효로 변하여 만들어 졌다하여 육효점이라 하며 육임점은 현재의 시간위에 월장을 가임하여 3전4과를 만들어서 각종 인사관계를 푸는 복잡다단한 학문이므로 역학 초보자들이 배우기는 요원한 학문이다.

육임단시점

이 법은 점치는 사람의 생년간지(남자는 천간을 쓰고 여자는 지지를 쓴다)와 점일의 일간(일진이 甲子일이면 甲의 수를 쓴다)과 점치는 시각의 지지(子시면 子의 수를 쓴다)를 三合하여서 괘상을 만드는 것이니 선천수를 쓴다.

선천수는 다음과 같다.

　　갑 기 자 오　9
　　을 경 축 미　8
　　병 신 인 신　7
　　정 임 묘 유　6
　　무 계 진 술　5
　　　　사 해　4

예. 임자생 남자가 갑오일 사시에 점을 하면 남연간이 임이니 임의수는 6이요 일간이 甲이니 갑의수는 9요 시는 사시이니 사의수는 4이므로 6+9+4는 19로 결원괘가 된다.

범괘(5. 10 토)
13. 군주의 은덕으로 죄를 면함받는 운이요.

3월 봄바람에 모든 꽃이 활짝 피는 운이라 길하다.

출행=원행하면 음식과 술이 생기어 길하다.

기다리는 사람=오늘 오지 않으면 5일후 10일 전에 온다.

실물=타인이 가져갔다. 동쪽에 있는데 찾을 수 있다.

찾는 사람=멀리 가지 않았으니 속히 찾으면 된다.

구하는 직업=이루어진다. 기회를 놓치지 마라

소송=소장을 먼저 제출하면 재판에 이긴다.

질병=동방에 흙다른 동토병과 산신벌전 병이니 치성하면 낫는다(간, 폐, 풍, 감기, 병원에 가봐야 한다.)

수태=남자 아이다.

매매=속히 이루어진다.

이사=안가는 것이 좋다.

지렁이괘(4. 9 금)
14. 비둘기가 이른봄에 슬피우는 격이며

앞뒤에 뱀과 호랑이가 있는 진퇴양난의 위험이 있을 운이라 불길하다.

출행=원행하는 것은 불길하다.

기다리는 사람=반년이 지나야 온다.

실물=서쪽의 수풀속에 있다. 찾기가 힘들다.

찾는 사람=찾지 마라 본인이 자연히 찾아온다.

구하는 직업=처음은 안되도 후에는 된다. 참고 기다려라.

소송=불길하니 화해하라

질병=서방 동토 및 북방철물이 출입한 까닭이며 객귀가 침노하였으니 속히 치성하라(신경통, 신장염, 위장병 잘 치료하라 입원수가 있다.)

수태=계집아이다.

매매=잘 팔리지 않는다. 좀더 기다려라.

이사=속히 가면 길하다.

거미괘(1. 6 수)
15. 태양이 서산에 걸렸으니 남은 길이 바쁘다.

생기는 것은 적고 몸만 쓸데 없이 바쁘다.

출행=불길하니 원행하지 마라

기다리는 사람=1일내에 오지 않으면 5, 6일 후에 온다.

실물=집안 어디엔가 있으니 찾아보라 높은데 있다.

구하는 직업=경쟁자가 많아 힘들다.

소송=선수를 쓰면 길하다.

질병=동쪽에 동토 및 나무다룬 탈이다. 생명엔 지장이 없다. (풍, 위장, 성병, 신경성병이다. 치료하면 낫는다.)

수태=계집아이다.

매매=좀 힘들게 이루어진다.

이사=먼곳은 불길하다.

비둘기괘(3. 8 목)

16. 좋은 경사스러운 일이 문앞에 이르고 소원이 자연히 성취되며 만사여의하다.

출행=출입함에 주식을 얻어 길하다.

기다리는 사람=오늘 오지 않으면 3일후에 오고 3일이 지나면 8일만에 온다.

실물=집안에서 잃어버렸다. 찾을 수 있다.

찾는 사람=빨리 찾으면 찾는다. 그 사람이 남쪽으로 가면 못찾는다.

구하는 직업=조그만 것은 성취된다. 만족한 것은 어렵다.

소송=화해하면 좋다.

질병=동쪽에 나무 다른 탓이다. 곧 낫는다. (감기, 허리 심장병 오랜 병은]들다. 그렇지 않으면 낫는다.)

수태=사내아이나.

매매=쉽게 이루어진다.

이사=가면 불길하다.

달팽이괘(2. 7 화)

17. 노인의 지팡이를 의지하여 길을 걷는 운이니 모든 일이 순조롭지 못하고 장애가 많다.

출행=무해 무덕하다.

기다리는 사람=오늘 오지 않으면 2일후 7일내에 온다.

실물＝여자가 가져 갔으면 찾지 못한다.
　　　　땅속이나 쓰레기 같은데 숨겨져 있다.
찾는 사람＝남쪽에 있으나 찾지 못한다.
구하는 직업＝여의치 않으나 기다리면 늦게 운이 열린다.
소송＝먼저 길하고 후에 흉한다. 먼저 소장을 제출하면 길하다.
질병＝남방동토병과 조상 원귀의 집탈이니 중병이다 치성하라(심장,두통, 신경통, 병원에 입원하는 수가 있다.)
수태＝사내아이다.
매매＝방해꾼이 있어서 늦게 이루어진다.
이사＝가을에 가면 길하다.

산쥐괘(5. 10 토)

18. 사나운 호랑이가 함정에 빠진격이라 고난이 심하고 일마다 성취하지 못하는데 귀인의 도움으로 안락하다.

출입＝불길하니 두문불출하라
기다리는 사람＝오늘 오지 않으면 5일 혹은 10일후에 온다.
실물＝찾지 못한다. 남쪽에 있다.
찾는 사람＝기다리면 자연히 돌아온다.
구하는 직업＝단념하라 지금은 때가 아니다. 다음 기회를 기다려라.
소송＝서두르지 말고 타인의 의사에 따름이 좋다.
질병＝남방출입하다가 난 상문살 침입이니 사방에 조밥을 뿌려라(위장, 신경성, 이비인후병 길게 간다.)
매매＝처음 계약은 실패하고 세번째 성립한다.
이사＝이사하면 좋다.

원숭이괘(4. 9 금)

19. 잠긴 용이 구슬을 얻었으니 변화가 무궁하다. 훈훈한 바람이 정원에 불어오니 만사여의하다.

출행＝원행하면 좋은 일이 생긴다.
기다리는 사람＝4일 혹은 9일후에 온다. 오늘도 기다려 보라.
실물＝서쪽에 가서 찾아라 못찾으면 오히려 흉하다.
찾는 사람＝기다리지 마라 반년후에 소식이 온다.
구하는 직업＝노력하나 얻지 못한다. 다음 기회를 기다려라.

소송＝고소장을 먼저 제출해야 유리하다.

질병＝동, 서쪽에서 나무가 출입한 병이라 조상객 사귀집탈이니 용궁에 치성하라.(허리, 다리신경통, 위, 간장, 두통 병원에 입원하면 낫는다.)

수태＝사내아이다.

매매＝쉽게 팔린다.

이사＝안가는게 좋다.

파리괘(1. 6 수)

20. 두마리의 개가 뼈하나를 다투는 상이니 옳고 그릇됨을 가리기가 어렵다.

출행＝출행하면 주식은 얻으나 목적은 이루기 어렵다.

기다리는 사람＝오늘 오지 않으면 3일 혹은 6일안에 온다.

실물＝동물이면 찾지 못하고 그외는 동·서 숲속에서 찾는다.

찾는 사람＝서북간방에 갔으니 속히 찾으면 된다.

구하는 직업＝여의하다. 기회를 놓치지 마라.

소송＝불길하니 취소하라.

질병＝남쪽에서 토목이 출입하여 대신이 노한 병이다. 치성하면 낫는다.(감기몸살, 대장, 방광 오래가지 않는다.)

수태＝계집아이다.

매매＝경쟁자가 생겨서 쉽게 팔린다.

이사＝가면 길하다.

묶인 돼지괘(3. 8 목)

21. 청풍에 기다리는 사람이 오니 귀인이 문전에 이른다.

출행＝주식 및 재물이 생기고 목적을 이룬다.

기다리는 사람＝오늘 중으로 온다. 기다려라.

실물＝찾지 못한다. 남쪽에 있다.

찾는 사람＝기다리면 본인이 자연히 돌아온다.

구하는 직업＝단념하라. 구하지 못한다.

소송＝속히 서두르면 유리하다.

질병＝동방동토니 곧 낫는다.(간장, 풍, 위, 오랜병은 힘들다.)

수태＝사내아이다.

매매＝속히 팔린다.

이사=안가는게 좋다.

제비괘(2. 7 화)

22. 삼월에 단비가 내리니 고목에 새잎이 돋아난다. 출행하면 귀인을 만나 소원을 이루게 된다.

출행=주식재물을 얻고 귀인을 만나니 대길하다.

기다리는 사람=오늘 오지 않으면 7일 후에 온다.

실물=여인이 도취해 갔으니 찾지 못한다.

찾는 사람=남쪽이나 북쪽을 빨리 찾으면 발견한다.

구하는 직업=소원대로 이루어진다.

소송=먼저 서두르면 불리하다.

질병=동쪽동토병이다. 별탈이 없다.(심장, 안질, 목, 성병, 치료하면 낫=다.)

수태=여자아이다.

매매=속히 이루어진다.

이사=안가도 무방하다.

집쥐괘(5. 10 土)

23. 때가 늦게 온다. 한탄하지 마라. 먼저는 흉하고 늦게는 길한 운이니 마침내 길운을 만나 소원을 이룬다.

출행=목적을 달성하고 식복이 생긴다.

기다리는 사람=오늘 오지 않으면 5일 혹은 10일후에 온다.

실물=도적이 가져갔으니 찾지 못한다.

찾는 사람=급히 찾으면 찾는다.

구하는 직업=구해낸다.

소송=시일을 오래 끈다.

질병=서·동쪽에 다툰 탈이며 부모 조상집탈이니 치성하면 낫는다.(위장, 감기, 신경성병, 곧 낫는다.)

수태=계집아이다.

매매=시일이 오래 걸려야 팔린다.

이사=이사하면 길하나 또 한번한다.

박쥐괘(4. 9 금)

24. 맹인이 지팡이를 잃은 격이요. 험한 길에 독사를 만난 상이다. 일마다 지장이

많고 신액이 중중하다.

출행＝무해 무덕하다.

기다리는 사람＝오늘 오지 않으면 4일 혹은 9일후에 온다.

실물＝서남간방에 있으니 찾지 못한다.

찾는 사람＝기다리면 오지 않고 서쪽에 가면 찾는다.

구하는 직업＝노력해야 헛수고요 끝내 얻지 못한다.

소송＝뜻대로 이루어진다.

질병＝서남간방에 동토한 탈이며 상문살이 침입하여 생긴 병이니 속히 치성하라(허리, 다리, 신경통, 타박상 치료하면 낫는다.)

수태＝남자아이다.

매매＝방해자가 있어서 오래가야 팔린다.

이사＝속히 갈수록 좋다.

까치괘(1. 6 수)

25. 천리타향에서 반가운 사람을 만나는 격이다. 매사 여의하고 가내에 화평하며 길한 상서가 날로 이른다.

출행＝주식을 얻고 귀인을 만나 소원 성취한다.

기다리는 사람＝있던 곳에서 뜨지 않으니 속히 오지 않는다.

실물＝집안의 여인이 북쪽에 숨겼으니 찾지 못한다.

찾는 사람＝북쪽으로 도주하였으니 찾지 못한다.

구하는 직업＝3개월 후에 얻어진다.

소송＝유리하다.

질병＝부모신령과 지방동토니 3신병이다. 치성하면 낫는다.(신장, 방광, 해수, 기관지병 치료하면 낫는다.)

수태＝계집아이다.

매매＝곧 팔리나 문서에 하자없이 해야 한다.

이사＝가면 길하나 두번 할 수다.

매미괘(3. 8 목)

26. 고기와 용이 바다에 나온 상이니 의기가 양양하다. 상하가 거슬리지 않고 귀인을 만나 도움을 받는다.

출행＝주식을 얻고 길하다.

기다리는 사람＝오늘 오지 않으면 3일 혹은 7일만에 온다.

실물＝서북쪽에 있으나 찾지 못한다.
찾는 사람＝남쪽으로 도주하였으니 못찾는다.
구하는 직업＝조그마한 직장이면 얻을 수 있다.
소송＝유리하지 못하니 취소하던지 화해하라.
질병＝동쪽에 흙이나 나무를 다룬탈이며 성황탈이니 치성하면 낫는다. (간, 폐, 기관지, 풍, 감기, 병원에 가봐야 한다.)
수태＝사내아이다.
매매＝제값을 다 받을려면 힘들다.
이사＝안가는게 좋다.

용괘(2. 7 화)

27. 구름을 타고 상천하니 해와 달이 명랑하다. 어진 임금을 만났으니 정사가 바르고 천하가 태평하다.

출행＝원행은 불길하고 근방은 무방하다.
기다리는 사람＝오늘 오지 않으면 2일 혹은 7일후에 온다.
실물＝절친한 사람이 가지고 사라졌다. 서북방에 있으나 찾지 못한다.
찾는 사람＝행방이 묘연하여 찾지 못한다.
구하는 직업＝노력하면 곧 얻는다.
소송＝유리하다.
질병＝제석이 노하여 7귀신이 침노하였으니 속히 치성하라. 그러면 곧 낫는다. (심장, 안질, 당뇨병 치료하면 곧 낫는다.)
수태＝사내아이다.
매매＝속히 이루어진다.
이사＝안가는게 좋다.

이제까지 단시로 여러 간단한 문제들을 풀이하였으나 적중하는 것도 있고 적중안하는 것도 있으니 절대로 단정하지 말고 신령님들의 영통한 예지의 힘과 합쳐서 판단하라.

특히 질병 관계는 신모신분들의 영통함이 잘 적중함이 많을 것이니 참작하여 변통의 묘리를 잘 살려서 판단하여야 할 것이며 신모신분들이나 역학자들의 권위에 손상가는 일을 하여서는 안되겠다.

三, 윷괘점

가정에서 쉽게 정월달에 온식구가 모여 앉아 윷가락을 던져 재미로 일년신수를 풀어볼 수 있는 점이다.

작괘법

윷을 세번 놀아서 작괘한다.

도1 개2 걸3 윷4 모는 안쓴다. 모가 나오면 다시 던진다.

괘풀이

(111) 쥐가 창고에 든 격이니

　　　봄과 여름은 곤곤하고 가을과 겨울은 길하다.

(112) 고기가 물을 잃은 괘

　　　금년은 곤곤하게 보낸다. 직장인은 실직을 조심해야 한다.

(113) 어두운 밤에 촛불을 얻은 괘

　　　금년은 마음먹은 대로 소원 성취하고 만사 여의하다.

(114) 나무가 봄을 만난 괘이다.

　　　봄과 여름은 대통하고 가을과 겨울은 평하리라.

(121) 해가 구름속에서 나오는 괘

　　　마음먹은 대로 소원성취하리라. 애기 없던 집안에 잉태하는 수다.

(122) 장마에 빛을 얻은 괘

　　　금년은 만사여의하고 횡재수가 있다.

(123) 나비가 불에 뛰어드는 괘이다.

　　　유흥에 젖어 몸을 망칠수니 신병을 조심해야 한다.

(124) 소나무가 비를 얻은 괘

　　　기나리던 일이 성공하고 기분이 상쾌하다.

(131) 학이 집을 얻는 괘이다.

　　　금년은 새로 집을 사서 이사할 수이다.

(132) 주린 사람이 음식을 얻은 괘이다.

　　　자식없는 사람이 잉태하는 수라 길하다.

(133) 거북이 갇히는 괘

　　　금년은 만사를 주의하라. 관재구설수가 있다.

(134) 용이 바다에 드는 괘이다.

　　　　금년은 벼슬도 오르고 영화를 보리라.
(141) 나무가 뿌리를 잘리는 괘
　　　　금년은 곤곤하리라. 신병을 조심해야 한다.
(142) 추운 겨울에 옷을 얻을 괘이다.
　　　　금년은 경사가 있으리라. 생남할 수다.
(143) 죽은 사람이 살아돌아오는 괘이다.
　　　　금년은 상쾌한 일이 많다.
(144) 가난한 사람이 보물을 얻을 괘이다.
　　　　금년은 재물도 얻고 부귀한다.
(211) 해가 구름속에 드는 괘이다.
　　　　금년은 답답한 일이 계속 있다.
(212) 장마에 햇빛을 얻은 괘이다.
　　　　금년은 영화를 보낸다.
(213) 활가진 사람이 화살을 얻은 괘
　　　　금년은 만사여의하고 생남할 수이다.
(214) 봉학이 날개가 상하는 괘이다.
　　　　금년은 신수불길하니 교통사고 낙마수를 조심해야 한다.
(221) 늙은 나귀가 무거운 짐을 많이 실은 괘이다.
　　　　금년은 수고는 많고 공은 없다.
(222) 용이 하늘에 오르는 괘이다.
　　　　귀인을 만나 소원성취한다.
(223) 매가 먹을 것을 얻는 괘이다.
　　　　신수대통하여 영화 볼 수이다.
(224) 수레에 바퀴가 빠지는 괘이다.
　　　　사람을 들이지 말고 나무를 다루지 마라.
　　　　사람이 상할까 두렵다.
(231) 아이가 젖을 얻을 괘이다.
　　　　의식 풍족하고 만사 여의하다.
(232) 병든 자가 좋은 약을 구하는 괘이다.
　　　　소원성취하여 만사 대통하다.
(233) 바람이 심하게 불어 파도가 심한 괘이다.

뜻하지 않은 횡액을 조심해라. 풍파가 심하다.

(234) 활이 살이 없는 괘이다.
뜻한 바가 성공치 못하고 백사불길하다.

(241) 뱀이 산에 들어가는 괘이다.
남에게 하례를 받을 수가 있으나 기뻐하지 말라.
비방이 두렵다.

(242) 쥐가 물에 빠진 괘이다.
금년신수는 만사가 불길하다. 수액을 조심해야 한다.

(243) 심봉사가 눈을 뜨는 괘이다.
금년은 반가운 일을 본다.

(244) 사막에서 물을 얻는 괘이다.
금년 횡재할 수가 있고 기쁜 일이 중중하다.

(311) 임금이 어진 신하를 얻는 괘이다.
만사태평 여의하다.

(312) 삼복더위에 부채를 얻는 괘이다.
봄과 여름은 대길하고 가을과 겨울은 평평하다.

(313) 맹수가 발톱을 잃을 괘이다.
매사 불성하리라 낙마액을 조심해야 한다.

(314) 구슬을 강물에 잃어 버리는 괘이다.
실물수를 조심하고 횡액을 조심해야 한다.

(321) 어린 용이 뿔이 난 괘이다.
드디어 성공하여 부귀할 상이다.

(322) 물고기가 그물을 벗어나는 괘이다.
나쁜액을 면하고 편안해질 수이다.

(323) 오랜 가뭄에 단비를 만난 괘이다.
부귀영화를 볼 수며 생남할 수이다.

(324) 고양이가 쥐를 엿보는 괘이다.
놀라는 일이 아니면 죄를 지으며 관재수가 있다.

(331) 소와 호랑이가 싸우는 괘이다.
의외에 풍파를 조심해라 신병이 두렵다.

(332) 꽃이 열매를 맺는 괘이다.

　　　　모든 일이 성공하는 상이며 생남할 수이다.
(333) 고기가 물을 얻는 괘이다.
　　　　모든 일이 만사여의 대통할 수이다.
(334) 중이 파계하여 환속하는 괘이다.
　　　　살던 집에서 이사가야 대길하고 그대로 있으면 불길하다.
(341) 지붕위에 기와가 없는 괘이다.
　　　　도모하는 일은 수포로 돌아가며 관재수를 조심해야 한다.
(342) 말이 굴레 벗는 괘이다.
　　　　일정한 일을 잡지 못해 방황하는 상이니 분수를 지켜 때를 기다려야 한다.
(343) 길 잃은 사람이 길을 찾는 괘이다.
　　　　경영하는 일이 여의하고 성공한다.
(344) 봄에 꽃들이 피어나는 괘이다.
　　　　벼슬이 점점 오르고 만인이 우러러 볼 상이니 시험치면 합격할 수이다.
(411) 아버지가 아들을 얻는 괘이다.
　　　　뜻한 바가 성취되고 만사 여의할 수이다.
(412) 일을 열심히 하나 공이 없는 괘이다.
　　　　남의 병문안 가지마라. 횡액이 두렵다.
(413) 용이 비를 얻는 괘이다.
　　　　만사대길하고 소원성취할 수이다.
(414) 소경이 눈을 얻는 괘이다.
　　　　재물을 얻고 영화도 볼 수이다.
(421) 친구가 귀인이 되는 괘이다.
　　　　귀인이 내조하여 경영사가 성취되는 상이다.
　　　　노처녀 노총각은 시집 장가간다.
(422) 농로는 있는데 소가 없는 괘이다.
　　　　하는 일이 힘만 들고 소득이 없는 수이다.
(423) 옹졸한 사람이 용기를 얻는 괘이다.
　　　　벼슬에 오를 수니 좋은 직장을 얻는다.
(424) 집이 없어 근심하는 괘이다.
　　　　의식이 부족하고 동서사방 유랑하는 수이니 분수를 지키고 때를 기다려야 한다.

(431) 벙어리가 다시 말을 시작하는 패이다.
가난한 자가 부자가 되는 수이다.

(432) 근심중에 기쁨을 얻는 패이다.
앞길에 희망찬 일만 있는 길한 수이다.

(433) 잃었던 물건을 다시 찾는 패이다.
잘못한 일을 뉘우치고 새로운 각오로 다시 시작하는 수이다.

(434) 행인이 말을 얻는 패이다.
뜻밖에 재물을 얻을 수이다.

(441) 얇은 얼음을 밟은 패이다.
하는 일이 속임수를 당할 수며 봄, 여름은 길하다.
가을 겨울은 대길한다.

(442) 고기가 낚시에 걸린 패이다.
하는 일마다 막히고 이롭지 못하다.

(443) 홀아비가 과부를 얻는 패이다.
뜻한 바가 성취되고 영화 볼 수이다.

(444) 장수가 싸움에 이기고 개선하는 패이다.
이름이 사방에 날리고 명예를 얻을 수이다.

四, 9성군 직성 행년법

하늘에는 아홉성(별)군이 있어서 사람들의 나이대로 돌면서 들어와 길, 흉을 가르키니 이글을 보아 그대로 행하면 나쁜액을 면하고 복을 얻는다.

남자는 제웅직성을 1세로 시작하여 나이수대로 순행(밑으로)으로 세어가면 자기의 금년성군에 닿는다.

여자는 목직성을 1세로 시작하여 나이 수대로 역행(위로)으로 세어가면 자기의 금년성군에 닿는다.

다음 장에서 자기의 성군의 풀이를 찾아보면 된다.

성군해설

제웅직성 말하기를 나후성군이니 만사대흉하고 8월 9월에 관재구설과 해산액이 있고 겨울에 자식으로 인하여 걱정 근심할 수가 있다. 이해에는 먼 길을 가지 말고 사람을 들이지 말고 제사음식과 말고기, 개고기를 먹지 말고 정월망일에 건명(남자)은 제웅(짚으로 만든 사람)을 만들어 배와 네다리에 돈을 (동전) 넣어버리고 곤명(여자)은 종이에 화상(사람얼굴)을 그려서 돈을(동전) 싸서 버리면 대길한다.

토직성 말하기를 액성군이니 집안이 불안하고 관재구설, 이별수와 낙상살이 있고 정월, 5월, 9월에 도적, 실물수가 있으니 이해에는 배를 타지 말고 먼길도 가지 말며 높은데 오르지 않아야 한다.

정월 망일에 명산 청결하고 조용한 곳에 가서 조밥을 지어 땅에 묻으면 대길한다.

수직성 말하기를 복록성군이니 만사 대길하고 복록이 많고 높은 이름을 얻으며 관록을 얻으며 사람들이 들어오면 이롭고 원행하면 재물을 잃는 수가 있으니 정월망일에 조밥을 지어 강에 넣고 용궁기도를 하면 대길한다.

금직성 말하기를 양성군이니 백사 대길하고 원행하면 이롭고 벼슬하여 관록을 먹을 수며 다만 신병살과 구설수가 있고 2월, 3월에 관재수가 있으니 남과 다투지 말며 여름에 낙마액을 조심하고 정월망일에 서방태백성(초저녁 서쪽에 제일 먼저 뜨는 별)을 향하여 네번 절하면 만사대길한다.

일직성 말하기를 태양성군이니 복덕이 거룩하고 관록이 많고 원행하면 대길하고 모든 사람이 우러러 보며 만사대길할 수다. 다만 1월, 9월에 신병조심하고 5월 11월에 자손 근심이나 실물, 도적수를 조심하고 먼길 가지 말고 정월망일에 옷깃을 떼어 남쪽을 향하여 불사르면 대길한다.

아홉성군의 순서(九星君位次)

아홉성군순서	남자나이순행(밑으로 센다)	여자나이역행(밑에서 위로 센다)
1 제웅직성	1, 10, 19, 28, 37, 46, 55	9, 18, 27, 36, 45, 54, 63
2 토 직 성	2, 11, 20, 29, 38, 47, 56	8, 17, 26, 35, 44, 53, 62
3 수 직 성	3, 12, 21, 30, 39, 48, 57	7, 16, 25, 34, 43, 52, 61
4 금 직 성	4, 13, 22, 31, 40, 49, 58	6, 15, 24, 33, 42, 51, 60
5 일 직 성	5, 14, 23, 32, 41, 50, 59	5, 14, 23, 32, 41, 50, 59
6 화 직 성	6, 15, 24, 33, 42, 52, 61	4, 13, 22, 31, 40, 49, 58
7 계도직성	7, 16, 25, 34, 43, 52, 61	3, 12, 21, 30, 39, 48, 57
8 월 직 성	8, 17, 26, 35, 44, 53, 62	2, 11, 20, 29, 38, 47, 56
9 목 직 성	9, 18, 27, 36, 45, 54, 63	1, 10, 19, 28, 37, 46, 55

게도직성 말하기를 주액성군이니 만사불길하고 구설액이 있으며 가을과 겨울에 자손 근심수와 소, 말, 개, 닭 등 가축실물수가 있으며 집에 있으면 쓸데 없이 남에게 구설수를 당하니 밖에 나가면 길하고 봄, 가을에 밤길 조심하고 교통사고를 조심해야 하니 정월망일에 종이에 보선을 그려서 싸리 나무에 매여 지붕마루에 세우고 네번 절하면 대길한다.

월직성 말하기를 달성군이니 신수대길하고 관록이 여의하고 만사가 다 여의하나 원행하지 말며 신병 염려가 있으며 낙상수를 조심하고 해산액이 있으니 정월망일에 싸리 횃불을 셋을 만들어 달이 떠오를 때 불을 켜 가지고 달맞이 하며 네번 절하면 대길한다.

목직성 말하기를 좋은 성군이니 화합하고 모두가 태평하며 관록과 재록이 풍족하며 건명(남자)은 안질과 곤명(여자)은 실물수가 있으며 6월과 12월에 구설수와 실물수를 조심하고 이해에는 나무나 장목을 들이지 말고 정월망일에 목욕하고 동쪽을 향하여 마흔번 절하면 만사대길한다.

이상 설명한 아홉성군법은 옛 우리 조상님들이 사용하던 흉한 액을 예방하던 비법이다.

五, 기도일조견표

불광대통일	불공하면 소원개득, 백사여의형통
불공길일	불공하면 가내편안하고 백사대길
나한하강일	불공하면 액운 소멸, 사업번창 대길
칠성하강일	기도하면 자손번창, 부귀장수
산신하강일	기도하면 소원성취, 사업흥왕 번창
산신재길일	재올리면 큰뜻을 얻고, 백사대통
조왕하강일	기도하면 가내편안하고 만사성취
조왕재길일	재올리면 우환소멸, 가내태평
조왕상천일	청소하고 빌면 소원달성, 가내안녕
기복일	복을 빌면 사업번창, 부귀안녕
불공을못하는날	정묘일—입지옥　　　을해일—실 물 임진일—스승망　　　병오일—주인망 을묘일—화주망, 우마사

기도일 조견표

표 1

길일\일진	갑자	을축	병인	정묘	무진	기사	경오	신미	임신	계유	갑술	을해	병자	정축	무인	기묘	경진	신사	임오	계미
불공대통일	불	불	불	X			불				불	X		불		불				
불공길일	불	불	불	X				불	불	불	불	X		불	불	불			불	불
나한하강일	나	나									나	나								
칠성하강일								칠	칠	칠	칠	칠								
산신하강일	산	산			산	산					산	산					산	산		
산신제길일	제							제			제	제								
조왕하강일	조	조		조				조	조		조					조				
조왕제길일				제							제	제					제	제		
조왕상천일		상										상								
기복일							복		복	복	복								복	복

표 2

길일\일진	갑신	을유	병술	정해	무자	기축	경인	신묘	임진	계사	갑오	을미	병신	정유	무술	기해	경자	신축	임인	계묘
불공대통일		불	불		불	불			X	불	불									
불공길일									X	불	불								불	불
나한하강일	나						나		나			나							나	나
칠성하강일					칠	칠	칠								칠	칠				
산신하강일			산				산			산	산								산	산
산신제길일	제	제	제				제													
조왕하강일		조	조		조					조		조							조	
조왕제길일	제	제		제		제								제						제
조왕상천일		상									상									
기복일				복		복		복	복		복	복		복						

표 3

길일\일진	갑진	을사	병오	정미	무신	기유	경술	신해	임자	계축	갑인	을묘	병진	정사	무오	기미	경신	신유	임술	계해
불공대통일		X	불						불	불	X	불						불		
불공길일		X			불		불		불	불	X			불		불				
나한하강일			나		나				나	나	나	나	나					나	나	
칠성하강일	칠	칠		칠	칠	칠									칠	칠	칠	칠		
산신하강일				산		산	산	산			산	산								
산신제길일							제					제								
조왕하강일	조								조		조									조
조왕제길일	제			제			제			제								제		제
조왕상천일			상																	
기복일	복			복				복	복	복									복	복

六, 십제일 대왕 보는법

십제일	시왕원불	시왕이름	시왕탄일	속한지옥
三十日	석가문불	전륜대왕	四月二十七日	억함지옥
二十九日	약왕보살	도시대왕	四月七日	철산지옥
二十八日	노사나불	평등대왕	四月一日	해어지옥
二十四日	관세음보살	태산대왕	三月二日	매들지옥
二十三日	대세지보살	변성대왕	三月二十七日	독사지옥
十八日	지정보살	렴라대왕	三월八日	발설지옥
十五日	아미타불	오관대왕	二월八日	금수지옥
十四日	현겁천불	송제대왕	二월二十八日	한빙지옥
八日	약사불	초광대왕	三월一日	화탄지옥
一日	정광불	진광대왕	二월十五日	도산지옥

매인사람(甲)
신무오·기미 신유·임술·계해
병오·정미·무진 임자·계축·갑인 을묘·신해
을묘·기유·경술·신해 병진·정사
갑오·을미·병신 정유·무술·기해 기묘·병진·신사
경자·신축·임인 계묘·병진·을사
갑자·을축·임인 무진·기사 병인·정묘
임오·계미·갑신·을유 병술·정해
무자·기축·경인·신묘 인진·계사
경오·신미·임신·계유 갑술·을해

七, 이사방위표 (移徙方位表)

남녀별 연령을 찾아 방위의 길흉을 살피라

- 천록방 (天祿方) = 관록과 식록이 이룬다
- 안손방 (眼損方) = 안질과 손재수 생긴다
- 식신방 (食神方) = 재수가 좋고 사업이 흥왕한다
- 증파방 (甑破方) = 손재수 있고 사업이 잘 안된다
- 오귀방 (五鬼方) = 질병과 상서롭지 못한 일이 생긴다
- 합식방 (合食方) = 재물이 늘고 만사 대길하다
- 진귀방 (進鬼方) = 질병과 손재가 이룬다
- 퇴식방 (退食方) = 재산이 점차 줄어든다
- 관인방 (官印方) = 관직을 얻거나 관직이 영전된다

표준시간

한국정오(12시0분)에 대한 세계각국시간

- 오후3시0분 — 캄차카반도, 뉴질랜드, 마샬군도.
- 오후2시0분 — 사하린, 산타크로스제도.
- 오전10시30분 — 이란.
- 오전6시0분 — 이락, 쿠웨이트, 사우디아라비아.
- 오전4시0분 — 노르웨이, 스웨덴, 독일, 프랑스, 체코, 유고등, 중국제국.
- 오전3시0분 — 영국, 포르투갈, 모로코, 아일랜드. 전일 오후8시0분 — 미국산악부.
- 오후10시0분 — 미국동부, 전일 오후9시0분 — 미국중부.

(트럭섬. 오전10시30분)

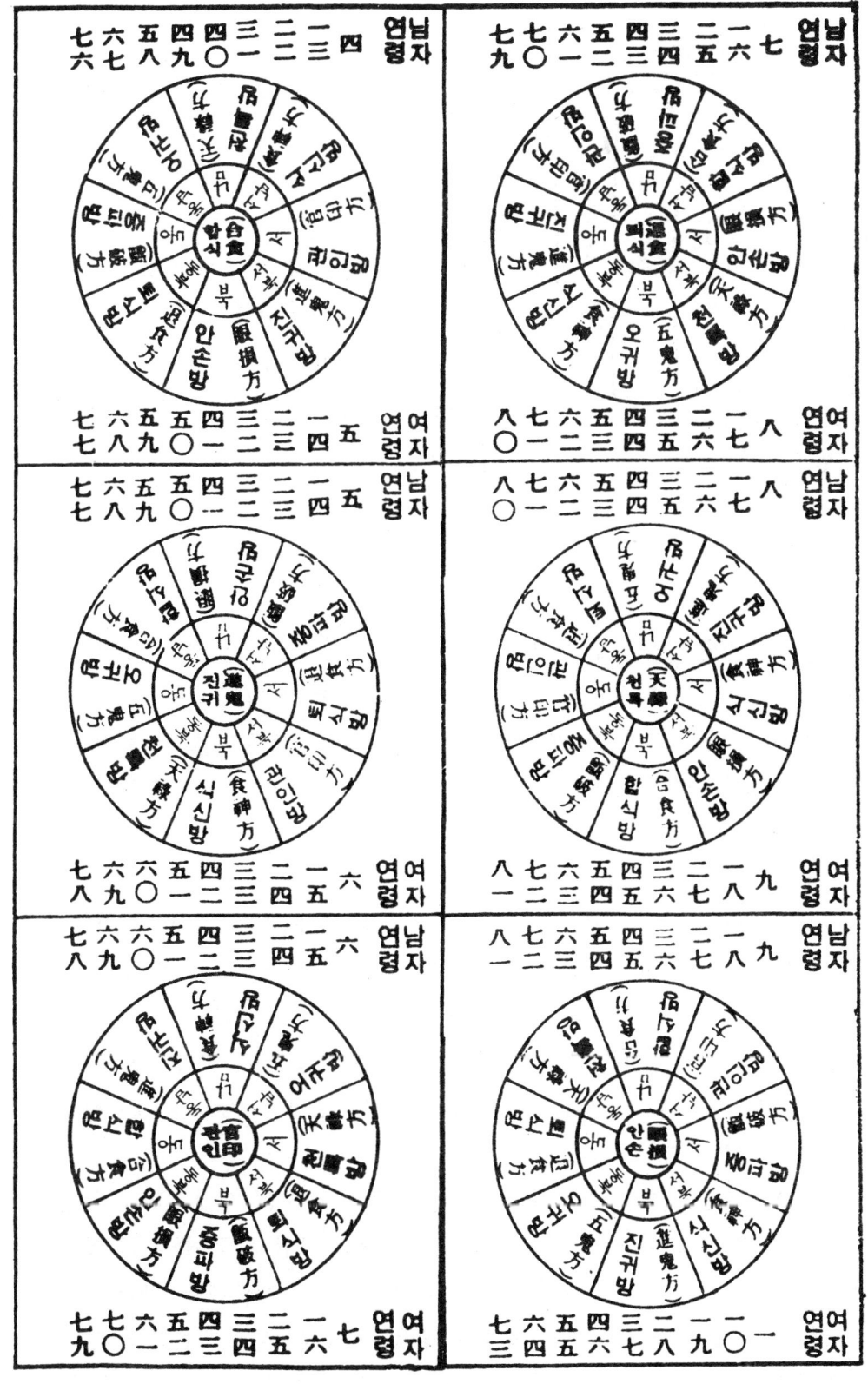

八, 육임 단시점

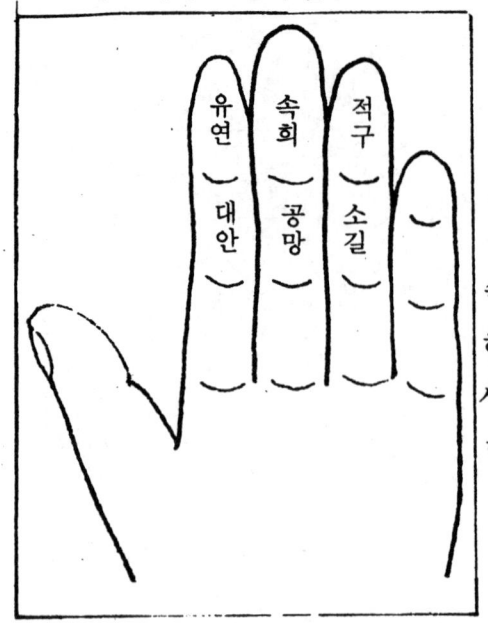

세는법
　대안에서 시작하여 정월을 짚고 유연 2월 속희 3월로 해당월까지 짚고 그자리에서 초하루부터 당일까지 또 닿은 곳에서 子시부터 시작하여 해당 시각이 닿는 곳의 별로 풀이한다.

　대안(木 청룡) 일일이 길하니 재물을 구하면 곤(서남)방에 있고 실물은 멀리 아니 갔으면 가택이 편안하다. 행인은 움직이지 아니하고 병자는 탈 없다.
　유연(水 현무) 일이 이루어지기 어려우니 일을 꾀함에 날이 밝지 못하리라. 소원은 지연될 것이다. 나간 사람은 돌아 오지 아니하리라. 실물은 남방에 있으니 급히 가면 찾는다.
　남의 구설이 조금 있으니 조심해야 한다.
　속희(火 주작) 기쁜 일이 있을지니 재물을 구하면 남방으로 가라 실물은 신미(서남) 오(남)방이니 행길에서 사람을 만나 찾는다. 복덕을 얻고 병자는 곧 낫는다. 농가에는 육축이 길하고 행인은 소식이 있다.
　적구(金 백호) 구설수 있나니 관재를 삼가 조심해야 한다. 실물은 곧 가서 찾을 것이며 행인은 놀람이 있다. 병자는 사방으로 나가리라 기도해야 질병을 막을 수 있다.
　소길(木 육합) 가장 길하니 길위에서 좋은 계획을 얻으리라. 은인이 나와 기쁨을 볼 것이요 실물은 서남방에 있다. 나간 사람은 곧 돌아올 것이니 문열고 기다리라. 범사가 다 화합되나 병자가 있거든 기도해야 한다.
　공망(土 구진) 일이 길하지 못하니 은인이 득세한다. 재물을 구함에 이익이 없고 행인은 재앙이 있다. 실물은 찾지 못할 것이요 관사는 형벌을 당한다.

九. 유년행운 보는 법

유년이라 함은 띠를 기준으로 생월에 맞추어 평생운을 보는 방법이다.
예를 들어 쥐띠 2월생이면 소에 해당한다.

년\월	소	범	토끼	용	뱀	말	양	원숭이	닭	개	돼지	쥐
자	2	3	4	5	6	7	8	9	10	11	12	1
축	3	4	5	6	7	8	9	10	11	12	1	2
인	4	5	6	7	8	9	10	11	12	1	2	3
묘	5	6	7	8	9	10	11	12	1	2	3	4
진	6	7	8	9	10	11	12	1	2	3	4	5
사	7	8	9	10	11	12	1	2	3	4	5	6
오	8	9	10	11	12	1	2	3	4	5	6	7
미	9	10	11	12	1	2	3	4	5	6	7	8
신	10	11	12	1	2	3	4	5	6	7	8	9
유	11	12	1	2	3	4	5	6	7	8	9	10
술	12	1	2	3	4	5	6	7	8	9	10	11
해	1	2	3	4	5	6	7	8	9	10	11	12

소 ①	천지가 무정하니 세업은 지키기 어렵도다 언어가 인순하나 안에는 심지가 있도다 일이 삼사세에는 천명이 당두하도다 또 고집이 있어서 재물에 인색하여 업을 이루리라 만약 수화재가 있으면 사술년을 삼가라 열일곱 여덟에는 화개가 문에 이르도다 이십 오육세는 아들 둘수로다 길과 길에 분주하여 근력하여 생애하리라 사십팔구세는 복인을 삼가라 창녀를 가까이 하지마라 치패많을까 두렵도다
소 ②	남과 더불어 교결함이 평생의 강직하리라 일생의 하는 일은 전무 공덕이로다 관문에 출입하면 이익이 많이 있도다 길지가 어디 있는고 산도 아니요 들도 아니로다 초운이 곤란함을 한하지마라 후분은 스스로 기쁘니라
범 ①	위인이 엄숙하여 반드시 권리잡는 것이 있도다 골육이 정의적이니 구름이 모이고 흩어지듯하도다 일찍 결혼함이 이롭지 못하니 꽃이 눈만나는 것같도다 만약 몸에 흠없으면 면상에 흠이 있으리라 칠팔 구십세는 천지에 근심이 있도다

범 ②	열 한두살에는 가히 수화를 삼가라 열오육칠세는 금궁에 춘색이 왔도다 이십 칠팔세는 영화 아니면 액이로다 만약 그렇지 아니하면 원앙의 수로다 조업을 지키기 어려우니 시끄러움이 있도다 피로 경영함을 이루니 도처에 권리를 이루도다 문관이나 무관이나 안으로 성취를 얻도다 서른일곱 여덟에 이름이 사해에 가득하도다 이사람 평생은 천금거래로다 소소한 귀록이니 재록이 넉넉하도다	토끼 ①	효도로써 어머니를 봉양하니 중될 팔자로다 원래 청전은 없으니 일신이 분주하도다 오육칠 팔세는 호랑이가 그물을 벗었도다 옛터는 이롭지 아니하니 떠나가면 길하리라 봄꿩이 스스로 우니 자못 실패운이 있도다 열일곱 여덟에는 봄바람에 목단이로다 이십내외에는 재영을 가히 기약하도다 만액 재영이 없으면 천지에 근심이 있도다 이십팔구세 운은 대통의 수로다 늠늠한 의용이요 앙앙한 의기로다
토끼 ②	삼십이후에 마른나무 봄을 만나도다 서른삼사세는 관액을 삼가라 사십 일이세는 록이 아니면 도리어 재앙이라 살기는 수변에 있으니 하는업이 반드시 이루리라 오십 이후에는 자식에 해가 있도다	용 ②	열삼사 오세에는 원앙이 서로 피하도다 청직한 그마음이 성명이 스스로 있도다 이십일 이세에는 화목이 봄을 만나도다 춘풍이 온화하니 일생이 외롭지 않도다 이삼 삼사세에는 귀인이 와서 도움도다 조취는 이롭지 못하니 늦게 장가들면 해로하리라 이십팔구세는 대리의 재로다 서른오륙세는 대길의 수로다 사십삼사세는 적은 걸로 큰걸 바꾸도다 사십팔구세는 대통지수라
용 ①	고기가 변하여 용이되니 조화가 무궁하도다 재덕이 겸비하니 금옥이 만당하도다 물가에 생거하면 자연이 득재하리라 만약 성공을 못하면 한가지 포재가 있도다 불연이면 그수가 반드시 피해함이 있으리라		

뱀 ①	우물 고기가 바다에 나니 먼저 곤하고 뒤는 태하도다 명중에 액이 있으니 세업은 덕이 없도다 재앙 없고 병이 적음은 일주가 강함이라 원체 조업은 없으니 고독하야 성립하리라 구십일 이세에는 천지에 근심이 있도다 열 오육칠세에는 목단이 꽃이 피리로다 이십 삼사세면 생산할 수로다 이십 육칠세는 대길의 수로다 일을 경솔히 짓지 마라 괴이한 일이 장차 나리라 까치가 동서에 깃드리니 누차 이사하리라	뱀 ②	만약 문장이 아니면 토지로써 산업을 지으리라 서른여섯 사십세는 재수가 대통하도다 조자를 기르기 어려우니 무후봉사하리라 운이 옛터에 돌아오니 가히 안보함을 얻으리라 평생의 운은 길흉이 상반하도다
		말 ①	위인이 조달하니 말우에 재물을 얻도다 성정이 급하나 풀기 쉬우니 안으로 인정이 많도다 열오 육칠세는 원앙이 서로 띄하도다 이십삼사세는 수화를 삼가라 정하면 해가 없고 동하면 길함이 있도다
말 ②	이십육칠세는 춘풍에 꽃이 피도다 만약 그렇지 아니하면 길이 도리어 흉함되리라 고각이 일제히 우니 흉봉이 점점 이르리라 삼십삼사세면 대통의 수라 록이 주문에 있으니 위인이 귀에 가깝도다 향화에 나가노니 도서 춘풍이로다 만약 귀인이 아니면 만인이 교역하도다 사십 삼사세에는 고기가 큰 바다에 들었도다 귀성이 비춰어 임하니 귀인이 와서 도웁도다 분주하여 동서로 다니니 천리에 록을 이루도다	양 ①	돌위에 달리는 말이 분주하여 성패수로다 여러번 이사하여 허송 세월이로다 높은 산에 나무를 심으니 적은걸 쌓아 큰걸 이루도다 곤하여서 재물을 얻으니 타인을 좋아 하도다 만약 두어머니가 아니면 무후 봉사하리라 열칠팔세에는 춘풍이 만발하도다 양공이 옥을 쪼으니 사방에 유식하리라 만약 조실이 아니면 타인에게 의탁하리라 비록 근고가 많으나 허랑하게 놀아 치패하도다 이십이삼세에 영화 아니면 병이로다

양 ②	이십 이삼세에는 신수가 불평하도다 남북에 분주하니 상치 아니한 곳이 없도다 삼십 육칠세 동에 패하고 서에 상하도다 재물이 구름같이 흩어진데 병은 무슨일인가 삼십사세와 사십이세에 만사가 여의하도다	원 숭 이 ②	열 오륙세에는 봄바람에 목단이로다 열아홉 이십일세에 봄이 계수나무 시비를 가까이마라 타인의 액이로다 비둘기 집에 까치가 사니 남의 해를 입었도다 운이 천지에 만나니 마침내 큰 그릇을 이루도다 삼십 칠팔세는 운수가 대통하도다 약은 동령에서 캐고 액은 남산에 비도다 고고 흩어짐이 무상하다 세상일이 구름같도다 사십 삼사세에는 수룡 천금이로다 말년 영화는 몸이 금곡에 드도다
원 숭 이 ①	곤하게 재물을 얻으니 타인이 해를 구원하리라 천지가 정소하니 밖은 빈하나 안은 부자로다 명산에 기도하면 매사가 여의하리라 열 삼사세에는 반드시 상액이 있으리라 만약 그렇지 아니하면 원앙이 서로 피하도다		
닭 ①	밖에는 바람 노음이 있고 안에는 그갑절이 있도다 타인을 좋아하여 뜻이 높은망에 있도다 잠간 모이고 잠간 흩어지니 한두번이 아니로다 초년성패는 세업은 지키기 어렵도다 일이 삼사세에는 풍질의 액이 많도다 오륙칠팔세에는 산업이 풍산하리라 열아홉 이십팔세에 타인의 액이로다 삼십 일이세에는 봄바람에 목단이로다 삼십 삼사세에는 신수가 대통하도다 사십 삼사세에 가사가 대통하도다	닭 ②	이름이 원근에 높았으니 서 친함을 보지못하도다 주작이 길게우니 사람의 구설이 많도다 만약 문장이 아니면 풍류랑자로다 다른 이익을 구하지 말라 농사가 대리로다 오십 일이세에는 수룡 천금이로다
		개 ①	마음이 비록 덕이 있으나 초년은 좋지 못하도다 만약 두어머니 아니면 남의 양자수로다 평생에 성정이 종용한 마음이로다 성정이 곧고 마음이 평하고 겸하여 높은 뜻이 있도다 오륙 칠팔세에는 낙상할 수로다

개 ②	열일 이세에는 바람만난 부평이로다 　　열 사오세에는 원앙이 서로 푀하도다 　　삼십구세 사십세운은 대통지 수로다 　　사십삼세 오십이세에 의외의 횡재로다 　　만약 그렇지 아니하면 슬하에 액이 있도다 　　자손이 만당하여 혹 부자되고 혹 귀하도다 　　평생을 삼분하면 길흉이 상반하도다 　　주색을 가까이 마라 손재가 몸을 해하리로다 　　오십 오륙세는 우마 실물하리라 　　노고함을 생각지마라 인하여 남은 경사있도다	돼지 ①	천지무덕하니 세업을 지키기 어렵도다 　　식록이 장원하니 달고 씀을 가리지 않도다 　　성정이 교묘하니 수시 변통하도다 　　옛터는 이롭지 아니하니 멀리 타향에 거하리라 　　일이 삼사세때에는 풍질로 고생을 하리라 　　오륙 칠팔세에는 칼낫에 힘이 있도다 　　열오륙 칠세에는 춘풍에 꽃이 피도다 　　이십 일이세에는 봉황의 낙이로다 　　스스로 취하고 스스로 해하니 중년치패로다 　　만약 두어머니 아니면 무후봉사로다
돼지 ②	길이 옛터에 있으면 청전의 해가 있도다 　　초년범사가 머리는 있고 꼬리는 없도다 　　많은 지모가 있으니 때를 따라 변통하도다 　　일일이 다번하여 경영하는 일이 막히리라 　　열사오세는 꾀꼬리가 유곡에 나도다	쥐 ②	이십 오륙세는 관액을 삼갈지라 　　골육의 정이 적으니 모이고 흩어짐이 무상하도다 　　사십 삼사세면 기쁜일이 장차 오리라 　　사십 칠팔세는 북방에 이사로다 　　평생의 귀인은 목성이 인연이 있도다 　　갑기지년에 영화무궁하도다 　　서인을 가까이마라 화재가 가히 두렵도다 　　오십 칠팔세는 반드시 대리를 보리라 　　귀인이 와서 도우니 가히 횡재를 얻으리라 　　자손이 만당하여 혹 부자하고 혹 귀하도다
쥐 ①	삼십 삼사세에는 몸이 평하고 재물이 왕하도다 　　삼십 칠팔세는 유곡에 봄이 돌아오도다 　　평생 기하는바는 수화를 삼가라 　　사십 일이세는 고기가 변하여 용이 되도다 　　사십구세 오십운은 대통의 수로다		

HY.

제9장 이사 방위 및 유년길흉법(택일문)

一. 이사방위

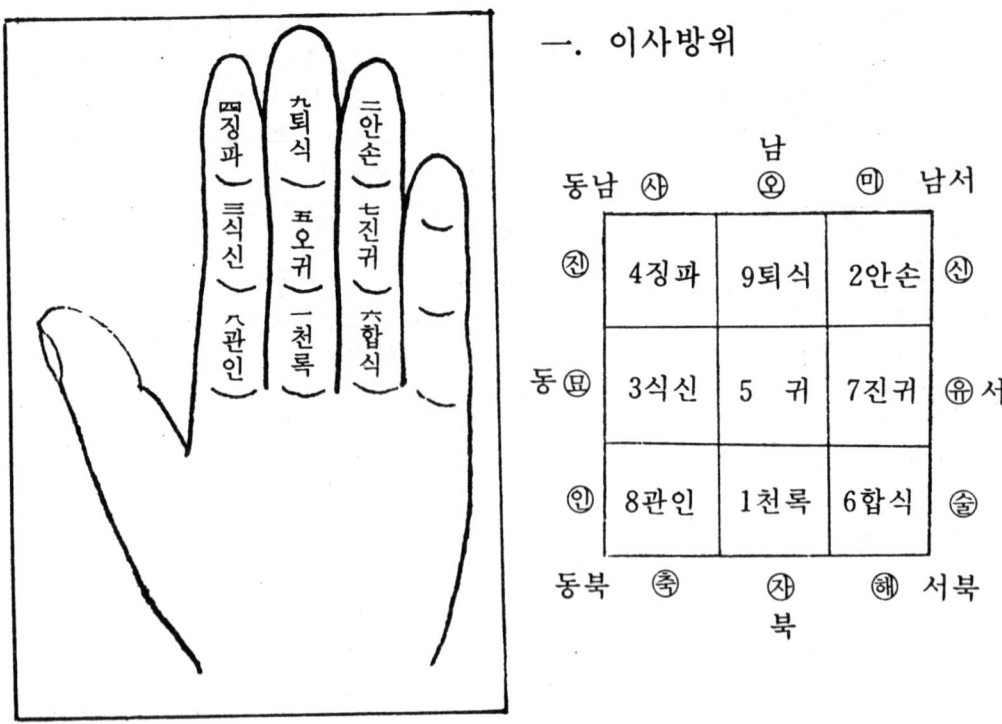

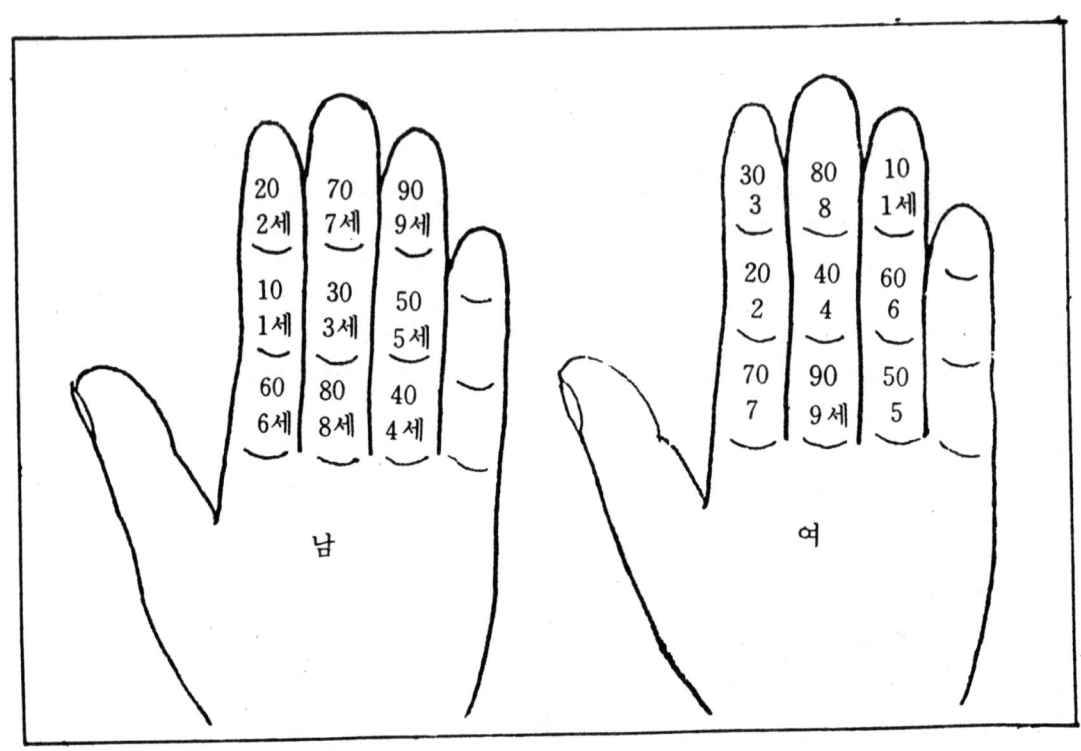

1천록 — 재물을 모으고 일이 뜻대로 된다.
2안손 — 눈병이 생기며 재물이 흩어진다.
3식신 — 재물이 모이고 부자가 된다.
4징파 — 재물을 도적맞고 실패수 있다.
5오귀 — 귀신이 장난하니 집안이 우환 불안하다.
6합식 — 재산을 모으고 부자가 된다.
7진귀 — 재물을 손재하며 관재가 생기고 신(神)병에 걸린다.
8관인 — 벼슬하고 지위가 올라간다.
9퇴식 — 가산이 패하고 식구가 준다.

나이 세는법

남자는 3식신에서 1세로 시작하여 9궁을 순행한다.

남	3	4	5	6	7	8	9	1	2
	식신	징파	오귀	합식	진귀	관인	퇴식	천록	안손
	|	|	|	|	|	|	|	|	|
	1세	2세	3세	4세	5세	6세	7세	8세	9세
	10세	20세	30세	40세	50세	60세	70세	80세	90세

3식신을 1세로 시작하여 세어가면 10세에 다시 식신궁에 닿고 4징파가 11세 5오귀가 12세 등으로 세어가면 20세에 4징파에 닿고 5오귀에 30세에 가닿는다.

여	2	3	4	5	6	7	8	9	1
	안손	식신	징파	오귀	합식	진귀	관인	퇴식	천록
	|	|	|	|	|	|	|	|	|
	1세	2세	3세	4세	5세	6세	7세	8세	9세
	10세	20세	30세	40세	50세	60세	70세	80세	90세

여자는 2안손에서 1세로 시작하여 9궁을 순행하며 세2안손에서 1세 시작하여 세어가면 10세에 다시 안손궁에 닿고 4징파궁에 20세 5오귀가 30세 등으로 세어간다.

남자의 예

남자 31세이면 6합식이므로

31세는 7진귀
32세는 8관인
33세는 9퇴식
34세는 1천록
35세는 2안손에 닿는다.

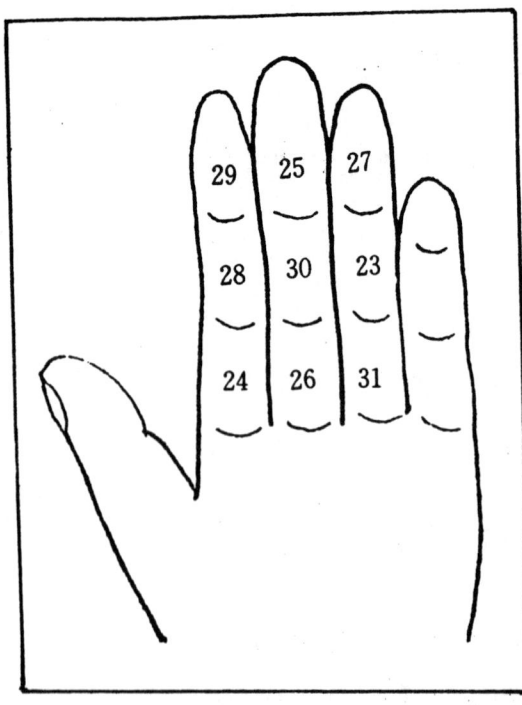

4징파	9퇴식	2안손
3식신	5오귀	7진귀
8관인	1천록	6합식

35세의 위치를 보면 2 안손(천록)임

여자의 예

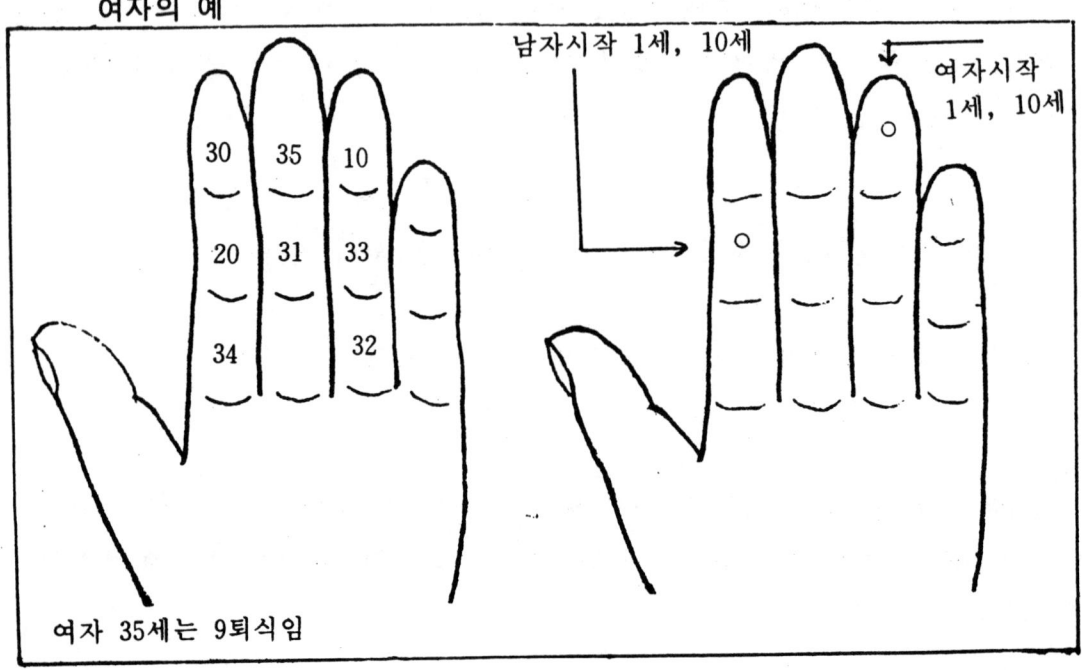

여자 35세는 9퇴식임

남자시작 1세, 10세
여자시작 1세, 10세

(20)세 29세 11세 2세	(70세) 25세 16세 7세	(90세) 27세 18세 9세
(10세) 28세 19세 1세	(30세) 21세 12세 3세	(50세) 23세 14세 5세
(60세) 24세 15세 6세	(80세) 26세 17세 8세	(40세) 22세 13세 4세

남자시작 1세, 10세

(30)세 21세 12세 3세	(80세) 26세 8세	(10세) 28세 1세
(20세) 29세 2세	(40세) 22세 13세 4세	(60세) 24세 6세
(70세) 25세 7세	(90세) 27세 9세	(50세) 23세 14세 5세

여자시작 1세, 10세

위와 같이 나이를 세어서 자기가 보고자하는 사람의 나이 자리에 닿는 곳의 번호를 중궁(가운데)에 넣고 9궁 번호대로 순행하여 배열하고 방위의 길흉 및 자기가 가고자 하는 곳의 방위도 보고 금년운도 대충 볼수가 있다. 38의 남자의 금년 길한 방위와 흉한 방위를 알려며는 먼저 나이를 세어서 어느 궁에 닿는가 본 다음 그궁의 번호를 중궁에 넣고 9궁 번호대로 순행하여 배열하면 길흉 방위가 결정된다.

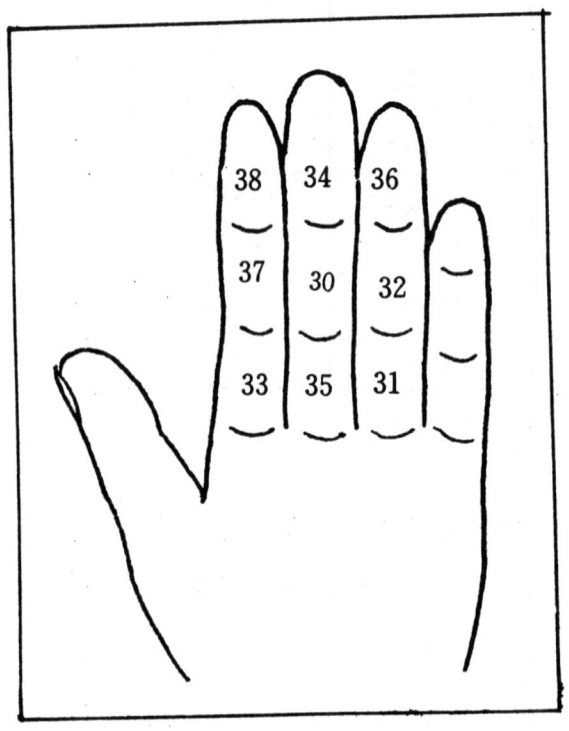

남자는 3식신궁에서 10세하니 4징파에 닿는다

3	4	5	6	7	8	9	1	2	3	4
식신	징파	오귀	합식	진귀	관인	퇴식	천록	안손	식신	징파
|	|	|	|	|	|	|	|	|	|	|
10세	20세	30세	31세	32세	33세	34세	35세	36세	37세	38세

4징파(앞페이지 참조할 것, 재물을 도적맞고 실패수 있다)가 38세된 사람의 금년 운수다.

다음 4를 중궁(가운데)에 넣고 9궁을 순행배열하면 되니 아래와 같이 돌면된다.

			동남	남	서남

☆ 4 — 중궁
5 — 6합식
6 — 7진귀
7 — 8관인
8 — 9퇴식
9 — 1천록
1 — 2안손
2 — 3식신
3 — 4징파

	동남	남	서남
	불길대흉방 년락처궁 본인삼살궁	○ 8관인	○ 1천록
동	× 2안손	×☆ 4징파	○ 6합식	서
	× 7진귀	× 9퇴식	불길× 5오귀
	동북	북	북서

 도표와 같이 되니 38세 남자의 금년 대흉방은 원래 4징파가 있던 자리인 도표1을 보면 동남쪽이 되며 그 상대편쪽인 5귀방이 흉방이 된다.
 현재 3식신이 동남방에 있어서 길한 방위이나 이 사람의 운행수인 4가 원래 그 자리에 있었기 때문 도표1 참조 년락처궁 혹은 본인 삼살방이라 하여 대흉하다. 이 사람 좋은 방위는 3식신이 나쁘므로 서남쪽 12천록이며 서쪽이며 6합식이 있으므로 남쪽(8관인이 있으므로)이 좋다.
 43세 여자의 금년 길한 방위와 흉한 방위를 알아본다.
제일먼저 나이를 세어서 무슨 궁번호에 닿는가를 찾아보자

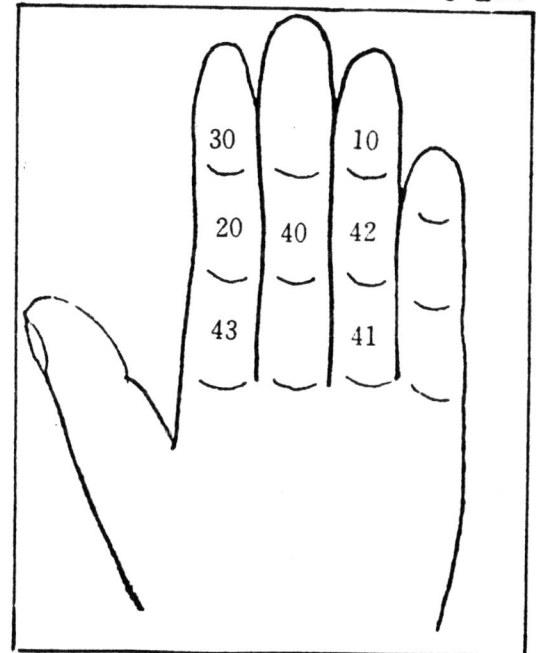

4징파	9퇴식	2안손
3식신	5오귀	7진귀
8관인	1천록	6합식

여자 43세 자리는 기본도
8관인 임

도표를 찾아 참고해 가며 세어보면 여자는 2안손에서 1세로 시작되며 또 10세로도 시작되므로

```
 2    3    4    5    6    7    8    9    1
안손  식신 징파 오귀 합식 진귀 관인 퇴식 천록
 |    |    |    |    |    |    |    |    |
1세   2세  3세  4세  5세  6세  7세  8세  9세
10세  20세 30세 40세 41세 42세 43세 44세 45세
46세  47세 48세 49세 50세 51세
```

43세 여자는 8관인이 된다.

8을 중궁에 넣고 순행하여 보자

4징파	9퇴식	2안손
3식신	5오귀	7진귀
8관인	1천록	6합식

남

× 7진귀	○ 3식신	×불길 5오귀
○ 6합식	○ 8관인	○ 1천록
× 2안손	× 4징파	× 9퇴식

동   서

북

변형도표

불길대흉방
년락처궁
본인삼살방

5오귀 자리에 8관인이 중궁에 자리 잡으므로
6합식 자리에는 9퇴식이 되고
7합식 자리에는 1천록이 되고
8관인 자리에는 2안손이 되고
9퇴식 자리에는 3식신이 되고
1천록 자리에는 4징파가 되고
2안손 자리에는 5오귀가 되고
3식신 자리에는 6합식이 되고
4징파 자리에는 7진귀가 된다

변형된 도표를 다 만들었으면 원래의 도표와 함께 생각해 보자

8관인이 있던 자리에 2안손이 들어가 있으므로 이 여자의 삼살방위가 되므로 나쁘다.

변형된 도표에서 ○표는 서쪽(1천록) 남쪽(3식신) 동쪽(6합식)에 있으므로 서, 남, 동쪽이 좋은 방위다.

二. 9궁 변화

중궁(가운데)에 1천록이 들어 갈때와 2안손, 3식신, 4징파, 5오귀, 6합식, 7진귀, 8관인, 9퇴식이 들어갈때 뿐 이므로 모두 9가지로 변화 되는것이다.

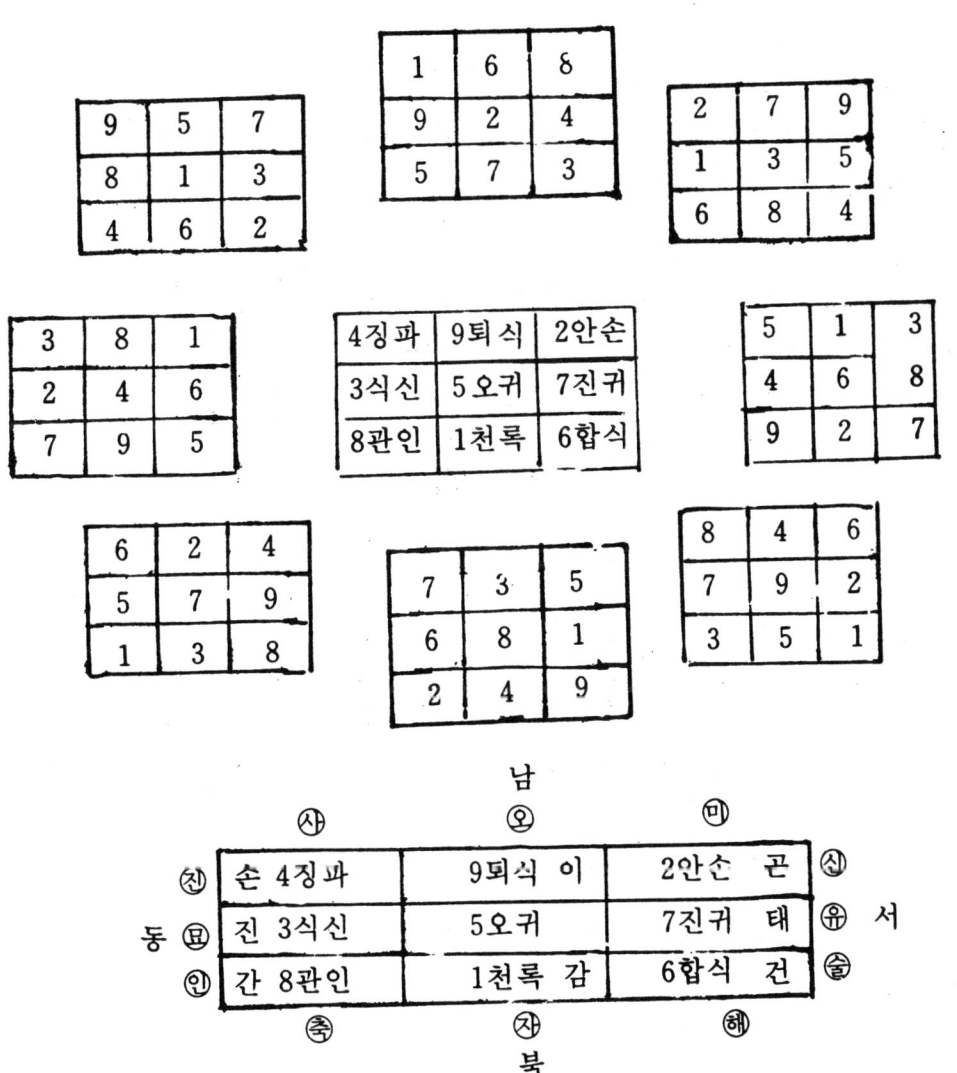

남자년령 : 1세, 10세, 19세, 28세, 37세, 46세, 55세, 64세, 73세
여자년령 : 2세, 11세, 20세, 29세, 38세, 47세, 56세, 74세

동남	남	남서
2안손 ×	7진귀 ×	9퇴식 ×
1천록 ○	3식신 ○	5오귀 ×
6합식 ○	8관인 ○	4징파 ×
동북	북	북서

(동 ← → 서)

　나이들의 금년 좋은 방위는 북쪽과 동북쪽 뿐이다.
　현재 동쪽은 천록궁으로 좋으나 원래 중궁에 있는 3식신 자리이므로 본인들의 삼살방 혹은 년 낙처궁이라 대흉방위이다.

남자년령 : 2, 11, 20, 29, 38, 47, 56, 65, 74
여자나이 : 3, 12, 21, 30, 39, 48, 57, 66, 75

동남	남	남서
3식신 ○	8관인 ○	1천록 ○
2안손 ×	4징파 ×	6합식 ○
7진귀 ×	9퇴식 ×	5오귀 ×
동북	북	북서

(동 ← → 서)

　나이들의 금년 좋은 방위는 남, 서남, 서쪽이다.
　금년 동남쪽은 식신궁이라 좋으나 본래 4징파가 있던 자리라 년 락처궁(본인들 삼살방)방위라 대흉방이다.

남자년령 : 3, 12, 21, 30, 39, 48, 57, 66, 75
여자년령 : 4, 13, 22, 31, 40, 49, 58, 67, 76

동남	남	남서
4징파 ×	9퇴식 ×	2안손 ×
3식신 ○	5오귀 ×	7진귀 ×
8관인 ○	1천록 ○	6합식 ○
동북	북	북서

(동 / 서 표시는 좌우측)

나이들의 금년 좋은 방위는 동, 동북, 북, 서북쪽이다.

금년은 5귀가 중궁인 제자리에 들어가므로 9궁 기본도가 되어 연낙처궁이 5귀가 되므로 동, 서, 남, 북 아무곳에도 본인들 삼살방위가 없다.

남자년령 : 4, 13, 22, 31, 40, 49, 58, 67, 76
여자년령 : 5, 14, 23, 32, 41, 50, 59, 68, 77

동남	남	남서
5오귀 ×	1천록 ○	3식신 ○
4징파 ×	6합식 ○	8관인 ○
9퇴식 ×	2안손 ×	7진귀 ×
동북	북	북서

나이들의 금년 좋은 방위는 남, 서, 서남쪽이다.

서북쪽은 6합식이 있던 자리이므로 연락처궁(본인들 삼살방)방위라 지금도 진귀방이라 나쁜데 더더욱 나쁜 방위다.

남자 연령 : 5, 14, 23, 32, 41, 50, 59, 68, 77
여자나이 : 6, 15, 24, 33, 42, 51, 60, 69, 78

```
        동남            남           남서
      ┌─────────┬─────────┬─────────┐
      │  6합식   │  2안손   │  4징파   │
      │   ○     │   ×     │   ×     │
      ├─────────┼─────────┼─────────┤
 동   │  5오귀   │  7진귀   │  9퇴식   │  서
      │   ×     │   ×     │   ×     │
      ├─────────┼─────────┼─────────┤
      │  1천록   │  3식신   │  8관인   │
      │   ○     │   ○     │   ○     │
      └─────────┴─────────┴─────────┘
        동북            북           북서
```

나이들의 금년 좋은 방위는 동남, 동북, 북, 서북쪽이다.
서쪽은 퇴식방이라 나쁜데 7진귀가 있던 자리인 연락처궁(본인삼살궁)방위라 더욱 흉한 방위이다.

남자년령 : 6, 15, 24, 33, 42, 51, 60, 69, 78
여자년령 : 7, 16, 25, 34, 43, 52, 61, 70, 79

```
        동남            남           남서
      ┌─────────┬─────────┬─────────┐
      │  7진귀   │  3식신   │  5오귀   │
      │   ×     │   ○     │   ×     │
      ├─────────┼─────────┼─────────┤
 동   │  6합식   │  8관인   │  1천록   │  서
      │   ○     │   ○     │   ○     │
      ├─────────┼─────────┼─────────┤
      │  2안손   │  4징파   │  9퇴식   │
      │   ×     │   ×     │   ×     │
      └─────────┴─────────┴─────────┘
        동북            북           북서
```

나이들의 금년 좋은 방위는 남, 서, 동족이다.
현 북동쪽이 안손방이라 나쁜데 8관인이 있던 자리이므로 연낙처궁(본인들삼살방)방위가 되어 위의 나이분들은 가급적 동북방으로는 움직이지 말아야 길하다.
나쁜데다 더 나쁜방위로 변하기 때문이다.

남자년령 : 7, 16, 25, 34, 43, 52, 61, 70, 79
여자년령 : 8, 17, 26, 35, 44, 53, 62, 71, 80

	동남	남	남서
동	8관인 ○	4징파 ×	6합식 ○
	7진귀 ×	9퇴식 ×	2안손 ×	서
	3식신 ○	5오귀 ○	1천록 ○
	동북	북	북서

　나이들의 금년 좋은 방위는 동남, 동북, 서북, 서남쪽이다.
　남쪽은 4징파가 있어서 나쁜 방위인데 다 본인들 연락처궁(본인 삼살방)방이라 더욱 흉하다.

남자년령 : 8, 17, 26, 35, 44, 53, 62, 71, 80
여자년령 : 9, 18, 27, 36, 45, 54, 63, 72, 81

	동남	남	남서
동	9퇴식 ×	5오귀 ×	7진귀 ×
	8관인 ○	1천록 ○	3식신 ○	서
	4징파 ×	6합식 ○	2안손 ×
	동북	북	북서

　나이들의 금년 좋은 방위는 동, 서쪽뿐이다.
　북쪽은 합식궁이라 좋은 방위이나 본인들 연낙처궁(본인들 삼살방)방이라 흉하다.
　1천록 본래 있는 자리이므로 지금 6합식이 있는 북쪽이 나쁘다.

남자년령 : 9, 18, 27, 36, 45, 54, 63, 72, 81
여자년령 : 1, 10, 19, 28, 37, 46, 55, 64, 73

동남	남	남서
1천록 ○	6합식 ○	8관인 ○
9퇴식 ○	2안손 ×	4징파 ×
5오귀 ×	7진귀 ×	3식신 ○
동북	북	북서

동 ─── 서

나이들의 금년 좋은 방위는 동남, 서북, 남쪽이 된다.
남서쪽 8관인 방도 좋으나 2안손이 본래 있던 자리이므로 연낙처궁(본인들 삼살방)방이라 대흉한 방위이다.

이사방위 보는표

남 자 연 령	방 위									여 자 연 령
	정동	동남	정남	서남	중앙	정서	서북	정북	동북	
9 18 27 36 45 54 63 72 81	퇴식	천록	합식	관인	안손	증파	식신	진귀	오귀	10 19 28 37 46 55 64 73 1
8 17 26 35 44 53 62 71 80	관인	퇴식	오귀	진귀	천록	식신	안손	합식	증파	9 18 27 36 45 54 63 72 81
7 16 25 34 43 52 61 70 79	진귀	관인	증파	합식	퇴식	안손	천록	오귀	식신	8 17 26 35 44 53 62 71 80
6 15 24 33 42 51 60 69 78	합식	진귀	식신	오귀	관인	천록	퇴식	증파	안손	7 16 25 34 43 52 61 70 79
5 14 23 32 41 50 59 68 77	오귀	합식	안손	증파	진귀	퇴식	관인	식신	천록	6 15 24 33 42 51 60 69 78
4 13 22 31 40 49 58 67 76	증파	오귀	천록	식신	합식	관인	진귀	안손	퇴식	5 14 23 32 41 50 59 68 77
3 12 21 30 39 48 57 66 75	식신	증파	퇴식	안손	오귀	진귀	합식	천록	관인	4 13 22 31 40 49 58 67 76
2 11 20 29 38 47 56 65 74	안손	식신	관인	천록	증파	합식	오귀	퇴식	진귀	3 12 21 30 39 48 57 66 75
1 10 19 28 37 46 55 64 73	천록	안손	진귀	퇴식	식신	오귀	증파	관인	합식	2 11 20 29 38 47 56 65 74

대장군방(동토, 이사불길)   (태세의 앞방향이 대장군이다)

인묘진년—자방(정북)   (동쪽 해에는 북쪽)
사오미년—묘방(정동)   (남쪽 해에는 동쪽)
신유술년—오방(정남)   (서쪽 년에는 남쪽)
해자축년—유방(정서)   (북쪽 년에는 서쪽)

삼살방(집수리, 이사불길)   (삼합오행과 대칭되는 방향)

신자진년—사오미방(남쪽이 삼살이다.)
해묘미년—신유술방(서쪽)
인오술년—해자축방(북쪽)
사유축년—인묘진방(동쪽)

태백살방(일명 손있는 방위

1일 11일 21일—정동쪽에 손이 있다.
2일 12일 23일—동남쪽에 손이 있다.
3일 13일 23일—정남쪽에 손이 있다.
4일 14일 24일—서남쪽에 손이 있다.
5일 15일 25일—정서쪽에 손이 있다.
6일 16일 26일—서북쪽에 손이 있다.
7일 17일 27일—정북쪽에 손이 있다.
8일 18일 28일—북동쪽에 손이 있다.
9일 19일 29일—중앙에 손이 있으니 이사하면 길하다.
10일 20일 30일—하늘에 손이 있으니 이사하면 길하다.

삼재(12년에 돌아서 들어오는 살이니 3년동안 흉한 살이다.)

인, 묘, 진년에는—신(원숭이)자(쥐)진(용)띠가 삼재다
사, 오, 미년에는—해(돼지)묘(토끼)미(양)띠가 삼재다.
신, 유, 술년에는—인(호랑이)오(말)술(개)띠가 삼재다.
해, 자, 축년에는—사(뱀)유(닭)축(소)띠가 삼재다.

죽은 사람을 보지 않아야힐 띠

(입관할시나 하관시에 보면 안되는 띠)

자(쥐띠)생이 죽은즉—임진, 무오, 병진생이 보면 않된다.
축(소때)생이 죽은즉—미(양)신(원숭이)술(개) 해(돼지)생이 보면 안된다.
인(범띠)생이 죽은즉—계묘생, 정해생, 갑자생이 보면 안된다.

묘(토끼)생이 죽은즉—을해생, 병자생, 정축생이 보면 한된다.
진(용띠)생이 죽은즉—임술, 을사, 갑인생이 아니본다.
사(뱀띠)생이 죽은즉—묘(토끼), 유(닭), 축(소)생이 아니본다.
오(말띠)생이 죽은즉—계축, 계해, 기축, 기해생이 아니본다.
미(양띠)생이죽은즉—을묘생, 임진생, 유생, 축생이 아니본다.
신(원숭이)생이 죽은즉—갑오생, 갑진생, 인생, 자생이 아니본다.
유(닭띠)생이 죽은즉—기해생이 보지 아니한다.
술(개띠)생이 죽은즉—경오, 계미, 축(소띠)생이 아니본다.
해(돼지)생이 죽은즉—갑자, 을유, 미생, 묘생이 아니보나리라.

하관시 피법
정충(正冲)=日干과 생년干이 같고 日支와 생년지가 충하는 사람
예=甲子日—甲午생, 甲午日—甲子생, 乙丑日—乙未생, 乙未日—乙丑생
순충(旬冲)=같은 순중에 일지와 생년이 있어 지지가 상충하는사람.
   예=甲子日—庚午생, 乙丑日—辛未생, 丙戌日—壬辰생, 간단한 방법은 日辰
      과 천간도 충하고 지지도 충하는 사람
   이에 해당하는 사람은 관(棺)이 광중안 땅 바닥에 닿는 순간만 피한다.

인동일(사람이 움직여 동토난다는 날이다. 사람 들일때 이날은 피함이 좋다.)
매월 1일, 8일, 13일, 14일, 18일, 23일, 24일

산신하강일
갑 갑 갑 갑 을 을 을 을 정 정 무 기 기 기 경 경 신 임 계
자 술 오 인 축 해 미 묘 해 미 진 사 미 유 진 술 묘 인 묘

불공대통일
갑 갑 갑 갑 을 을 병 병 병 정 무 무 기 경 신 신 계 계
자 술 오 인 축 유 인 신 진 미 인 자 축 오 묘 유 묘 축

불공들이지 말아야 하는날
병오일(주인이 망한다) 임진일(스승이 죽는다)
을해일(실물수 있다) 정묘일(지옥에 떨어진다)
을묘일(주인이 망하거나 짐승이 죽는다)

택일법
  어떤 일을 시작할 때나 의식, 행사를 할 때 우리는 택일(날짜잡는 것)을 한다.

택 일 법

구분 일진 연령	(생기) ○	(천의) ○	(절체) △	(유혼) △	(화해) ×	(복덕) ○	(절명) ×	(귀혼) △
남자의 연령 1 8 16 24 32 40 48 56 64 72	묘	유	자	미신	축인	진사	술해	오
월곤 9 17 25 33 41 49 57 65 73	축인	진사	술해	오	묘	유	자	미신
2 10 18 26 34 42 50 58 66 74	술해	오	축인	진사	자	미신	묘	유
3 11 19 27 35 43 51 59 67 75	유	묘	미신	자	진사	축인	오	술해
4 12 20 28 36 44 52 60 68 76	진사	축인	오	술해	유	묘	미신	자
5 13 21 29 37 45 53 61 69 77	미신	자	유	묘	오	술해	진사	축인
6 14 22 30 38 46 54 62 70 78	오	술해	진사	축인	미신	자	유	묘
7 15 23 31 39 47 55 63 71 79	자	미신	묘	유	술해	오	축인	진사
여자의 연령 1 8 16 24 32 40 48 56 64 72	진사	축인	오	술해	유	묘	미신	자
2 9 17 25 33 41 49 57 65 73	유	묘	미신	자	진사	축인	오	술해
3 10 18 26 34 42 50 58 66 74	술해	오	축인	진사	자	미신	묘	유
4 11 19 27 35 43 51 59 67 75	축인	진사	술해	오	묘	유	자	미신
5 12 20 28 36 44 52 60 68 76	묘	유	자	미신	축인	진사	술해	오
6 13 21 29 37 45 53 61 69 77	자	미신	묘	유	술해	오	축인	진사
7 14 22 30 38 46 54 62 70 78	오	술해	진사	축인	미신	자	유	묘
월간 15 23 31 39 47 55 63 71 79	미신	자	유	묘	오	술해	진사	축인

어떤 택일을 막론하고 제일 먼저 생기복덕법에 맞추어서 좋은날을 가려야한다.

생기복덕 붙이는 법

이 생기법은 고사, 출행, 이사, 혼인, 개업, 성조 등 좋은 날 가리는데 사용한다.

암기할 점

1상생기 2중천의 3하절체 4중유혼 5상화해 6중복덕 7하절명 8중귀혼

여자 1 2 3 4 5 6 7 8 9 ⑩ ⑳ ㉚ ㊵
남자 1 2 3 4 5 6 7 8 9 ⑩ ⑳ ㉚ ㊵

나이세는 법

남자는 1세를 이궁에서 시작하여 곤궁을 건너뛰고 태궁에서 2세 건궁3세 감궁4세 간궁5세 진궁6세 사궁7세 오궁8세 미궁9세 순으로 계속 도려짚으면 된다.

여자는 감궁에서 1세를 시작하여 역으로 건궁에서 2세 태궁에서 3세 곤궁4세 이궁5세 사궁6세 진궁7세 간궁은 건너뛰고 감궁8세 순으로 계속 도려짚으면 된다.

자 축 인 묘 진 사 오 미 신 유 술 해 곤 태 건 이 감 손 진 간
건삼연 감중연 간상연 진하연 손하절 이허중 곤삼절 태상절

생기붙이는 요령

가령 남자23세라면 이궁이 본궁이니 즉이허중이다. 손가락으로 이허중을 만들어 일상생기를 부르며 상지를 떼고 나면 진하연의 모양이 되었으니 진은 묘이므로 묘가 생기날이 된다. 그 상태에서 2중천의를 부르며 중지를 붙이고 나니 태상절의 모양이 되어 유일이 천의일이 된다. 다시 그 상태에서 3하절체를 부르며 하지를 펴니 감중연이 되어 장일이 절체에 해당한다. 4중유혼을 부르며 중지를 떼니 곤삼절이 되어 미, 신이 유혼일이 되고 다시 5상화해에서 상지를 붙이니 간상연이 되어 축, 인일이 화해일이 되며 6중복덕에 중지를 붙여서 손하절이 되니 진, 사일이 복덕일이 되며 7하절명에 하지를 붙이니 건삼연이 되어 술해일이 절명일이 되며 8중귀혼에 중지를 펴니 이허중에 닿아 오일이 귀혼일이다.

계해	돼지
임술	개
신유	닭
경신	원숭이
기미	양
무오	말
정사	뱀
병진	용
을묘	토끼
갑인	범

계축	소
임자	쥐
신해	돼지
경술	개
기유	닭
무신	원숭이
정미	양
병오	말
을사	뱀
갑진	용

계묘	토끼
임인	범
신축	소
경자	쥐
기해	돼지
무술	개
정유	닭
병신	원숭이
을미	양
갑오	말

계사	뱀
임진	용
신묘	토끼
경인	범
기축	소
무자	쥐
정해	돼지
병술	개
을유	닭
갑신	원숭이

계미	양
임오	말
신사	뱀
경진	용
기묘	토끼
무인	범
정축	소
병자	쥐
을해	돼지
갑술	개

계유	닭
임신	원숭이
신미	양
경오	말
기사	뱀
무진	용
정묘	토끼
병인	범
을축	소
갑자	쥐

三. 납음오행 궁합법

임오계미	경진신사	무인기묘	병자정축	갑술을해	임신계유	경오신미	무진기사	병인정묘	갑자을축
양류목	백납금	성두토	간하수	산두화	금봉금	노방토	대림목	노중화	해중금

임인계묘	경자신축	무술기해	병신정유	갑오을미	임진계사	경인신묘	무자기축	병술정해	갑신을유
금박금	벽상토	평지목	산하수	사중금	장류수	송백목	벽력화	옥상토	종중수

임술계해	경신신유	무오기미	병진정사	갑인을묘	임자계축	경술신해	무신기유	병오정미	갑진을사
대해수	석류목	천상화	사중토	대개수	상류목	겸련금	대역토	천하수	복등화

오행 궁합법

화극금 (火克金)
수극화 (水克火)
토극수 (土克水)
목극토 (木克土)
금극목 (金克木)
금생수 (金生水)
수생목 (水生木)
목생화 (木生火)
화생토 (火生土)
토생금 (土生金)

남녀궁합해설		남수여수	양수가 상합하니 재산이 흥왕하며 영화가 무궁하고 공명을 얻고 자손이 만당하니 일생 태평하리라.
남금여금	길흉이 많으니 빈한한 상이라 부부의 정이 없고 자손은 창성하나 정이 없으며 형제 불화하고 패가망신하리라.	남수여화	수화가 상극하니 부부 불순하고 자손이 불효하며 일가 친척이 화목치 못하여 자연히 패가하리라.
남금여목	금극목하니 만사에 구설이 분분하고 패망지격이요 자손이 불화하고 가도가 쇠잔하여 재물이 궁핍하리라.	남수여토	수토가 상극하니 금슬이 불화하고 자손 불효하여 가도가 자연 패하고 재물이 부족하며 부부 이별하리라
남금여수	금생수하니 부귀복록이 많고 가도가 넉넉하고 자손이 영귀하여 명망이 높으며 부부간에 금슬이 중하리라.	남화여금	화극금하니 매사가 막히고 자손궁이 극히 귀하도다. 인륜이 어지러워지고 재물이 흩어지리라.
남금여화	화극금이니 백년을 근심할 격이라 재산이 점점 사라질 것이요 부부 이별 수 있고 자손 운도 불길하리라.	남화여목	목생화하니 만사대길하다. 부부화합하고 자손이 효도하며 부귀의 이름이 사방에 진동하리라.
남금여토	금토가 상생하니 부귀공명지격이로다. 자손이 번성하고 노비 전답이 즐비하며 거룩한 이름이 진동하리라.	남화여수	수극화하니 만사가 대흉하도다. 상부상처할 것이요, 일가 친척이 화목치 못하고 재물이 자연 사라지리라.
남목여금	금극목하니 불길하다. 부부 해로하기 어렵고 일생 곤궁하며 자손이 창성치 못하고 재앙이 간간 침노하리라.	남화여화	양화가 서로 만나니 길한 것이 없고 흉한 것이 많도다. 재물이 부족하고 부부 불화하며 화재수 있으리라.
남목여목	평생에 길흉이 상반하다. 부부 화락하여 생남생녀하고 간간 성패수로 재물은 못모이나 궁색은 면하리라.	남화여토	화생토하니 부부 해로하여 자손이 창성하고 부귀공경이 겸전하여 재물이 넉넉하니 만사가 여의하리라.
남목여수	수생목하니 부부 금슬이 지극하다. 자손이 효도하고 친척이 화목하며 복록이 무궁하여 부귀장수하리라.	남토여금	토생금하니 재물이 풍족하고 일생 근심이 없다. 부귀와 공명을 누리니 그 이름을 세상에 전하리라.
남목여화	목생화하니 자손이 만당하고 금슬이 화락하도다. 일생을 금의옥식할 것이요, 만인의 숭앙을 받게 되리라.	남토여목	목극토하니 부부 불화하고 관재 구설이 따르며 집이 비록 부유하나 재물이 사라지고 근심이 중중하리라.
남목여토	목극토하니 부부 금슬이 불화하도다. 친척이 불목하고 자손이 불효하며 패가망신하리라.	남토여수	토극수하니 자손이 비록 있어도 동서로 흩어질 것이요, 부부간에 생이별하고 가업도 쇠잔하리라.
남수여금	금생수하니 부귀 혼연하고 자손이 창성하며 생애가 족하고 친척이 화목하며 노비전답이 많으리라.	남토여화	화생토하니 부부간에 금슬이 좋고 자연 치부하여 재물이 산과 같고 효자 효부를 두어 안과태평하리라.
남수여목	수생목하니 부귀지격이로다. 부부 금슬이 중하고 일가가 화순하며 노비전답이 즐비하리라.	남토여토	양토가 상합하니 자손이 창성하고 부귀할 격이로다. 금의옥식에 고루 거각에 앉아 태평세월 하리라.

四. 생월 궁합

남과 여의 생월로 보아서 아래에 있는 생월간의 궁합은 불길하다.

9월생남 — 1월생 여자

8월생남 — 2월생 여자
5월생남 — 3월생 여자
6월생남 — 4월생 여자
1월생남 — 5월생 여자
12월생남 — 6월생 여자
3월생남 — 7월생 여자
10월생남 — 8월생 여자

4월생남 — 9월생 여자
11월생남 — 10월생 여자
2월생남 — 11월생 여자
7월생남 — 12월생 여자

원진살 궁합은 불길

자년생—미년생 축년생—오년생 인년생—유년생
묘년생—신년생 진년생—해년생 사년생—술년생

남녀상극 불길궁합

사오미년 남자—신년 진년생 여자(사별)
신유술년 남자—해년 미년생 여자(자손이 없다)
임묘진년 남자—사년 축년생 여자(독수공방)
해자축년 남자—인년 술년생 여자(불길)

머리, 꼬리 성격 궁합법

머리: 축, 진, 사, 신, 술, 오
꼬리: 자, 인, 묘, 유, 미, 해

남사가 머리고 여자가 꼬리면 길하고 여자가 머리고 남자가 꼬리면 불길하다.

택일법

결혼할 사람의 년이나 월지에

묘, 진, 사 있으면 봄 1월, 2월, 3월
오, 미, 신 있으면—여름 4월, 5월, 6월
유, 술, 해가 있으면—가을 7월, 8월, 9월
자, 축, 인이 있으면—겨울 10월, 11월, 12월

택일하면 길하고 생남한다고 한다.

사주 및 채납보는날

을축, 병인, 정묘, 신미, 무인, 기묘, 경진, 병술, 무자, 기축, 임진, 계사, 을미, 무술, 신축, 임인, 계묘, 갑진, 병오, 정미, 임자, 계축, 갑인, 을묘, 갑인, 을묘, 병진, 정사, 무오, 기미

황도일, 삼합일, 천회일

음양불장길일(이 날은 혼인에 가장 길한 날이다)

1월달=병자, 무자, 경자, 정축, 기축, 신축, 병인, 무인, 경인, 정묘, 기묘, 신묘
2월달=병자, 무자, 경자, 병인, 무인, 경인, 을축, 정축, 기축, 병술, 무술, 경술
3월달=갑자, 무자, 병자, 을축, 정축, 기축, 을유, 정유, 기유, 갑술, 병술, 무술
4월달=갑자, 병자, 무자, 갑신, 병신, 무신, 을유, 정유, 기유, 갑술, 병술, 무술
5월달=을미, 계미, 갑신, 병신, 무신, 을유, 계유, 갑술, 무술, 병술
6월달=갑오, 임오, 을미, 갑신, 임신, 을유, 계유, 갑술, 임술
7월달=을사, 계사, 갑오, 임오, 을미, 계미, 갑신, 임신, 을유, 계유
8월달=갑진, 임진, 신사, 계사, 갑오, 임오, 신미, 계미, 갑신, 임신
9월달=신묘, 계묘, 경진, 임진, 신사, 계사, 경오, 임오, 신미, 계미
10월달=임인, 경인, 계묘, 신묘, 임진, 경진, 계사, 신사, 경오, 임오
11월달=신축, 정축, 기축, 신묘, 기묘, 정묘, 경인, 임인, 임진, 경진, 신사, 정사, 기사
12월달=신축, 정축, 기축, 신묘, 기묘, 정묘, 무자, 경자, 병자, 경진, 병진

제10장 각종 부정살

상문 푸는법

두부 한모, 미나리 한단, 북어 한마리, 밥 세공기, 나물 세접시를 조왕(부엌) 에다 놓고 조왕경, 상문경을 독송하여 빌고 그다음 왼손에 북어와 미나리를들 고 오른손에 두부 한모를 들고 부엌, 방문, 대문을 두드리면서 상문경을 독송 하고 밖에 버리면서 두부를 깨지게 던질것이다.

조왕경

일가지주, 오사지신, 사후설어, 북다지중, 잘선악어, 동주지내, 사복사죄, 이흉화길, 안진음양, 보우가정, 하재불멸, 하복불증, 유구필응, 무감불증, 대비대원, 대원대자, 구천동주, 사명조군, 원황정무, 호택천존.

불설환히 조왕경

계수장엄 조왕신, 시방조요 대광명,   위광자재 조왕신, 토지용신 개환회, 천상사관 조왕신, 합가인구 총안녕, 내외 길창 조왕신, 금은옥백 만당진, 상봉길경 조왕신, 아귀사신 퇴산란, 지망주성 조왕신, 억천만복 구족재, 이장안주 조왕신, 부부가인 증복수, 재앙영멸 조왕신, 백병소제 대길상, 증시수호 조왕신, 백곡승출 양자배, 구호택사 조왕신,   일체제산개환회

상문경

아이상문, 어른상문, 들던상문, 보던상문, 해묵은상문, 달묵은상문, 날아든상문, 묻어든상문, 따라든상문 다젖혀주시고 재수에 탈이 없이 꿈자리 몽사 없이 젖혀 주소사.

부정이 들어와 재수 없을때의 부정과 병이 났을때의 부정 푸는법

메조 한홉으로 밥을 짓고 날계란 두알을 준비하여 날계란에다 대수대명 이라고 쓰고 먼저 메조밥을 집안과 밖과 지붕위 한길까지 뿌리고 계란 한개를 문앞 길가에 깨어버리고 남은 한개는 집대문 턱에다 깨어 버린다. 그 다음 약숙을 태운다.

동토났을때

창호지 한장에다 옥황상제, 일월성신, 북두칠성, 산왕대신, 오방신장, 백마신장, 천지도사, 사해용왕, 사천왕, 호구별상, 천상천하, 착귀대장 이라고 쓰고 그밑에다 동토신 안정 제잡귀 잡신 속거천리 원거만리 신지간섭 운거청전 이라 쓴다음 창호지를 둘둘 말아서 식칼에 매고 정한수 한 그릇 떠가지고 칼을 들고 동토난 곳에 X자로 긋고 물한모금 머금고 품으면서 동토경을 독송 한다.

동토경

등고산 망원하야 화류일때 승주하니 두구미 유기 팔족 사귀하여 목식 탈몰하고 조시 각기하야 오식 팔만귀 하니 교작산이 동방동토 청정신 **남방동토** 적성신 서방동토 백정신 북방동토 흑정신 중앙동토 황정신 태세왕에 **부정귀세영** 백운이 무정체하니 경신년 경신월 경신일 경신시에 강태공 **하마처라 옴급급**

여율령 사바하

7번 독송 한다음 칼을 문밖으로 던지고 창호지를 불에 태우며 아궁이에 고추를 태운다.

삼재 푸는법

삼재 드는해 입춘일이나 정월 15일에나 정월달에 좋은 날을 택일하여 백미 한말과 밥 세그릇, 삼재드는 사람 상의 한벌을 북어에 감아서 놓고 소지종이 10장, 부적한장(삼재부적)을 상에다 차려놓고 삼재경을 7번 독송한후 소지종이 10장 부적 한장을 태우고 북어를 문밖으로 던져서 머리부분이 밖으로 향할 때까지 던지며 머리부분이 밖으로 나가면 상의는 풀어서 태우고 북어 머리는 짤라서 밖에 던져 버린다.

삼재경

○○가중에 ○○가 ○○년에 드는삼재 묵는삼재 나는 삼재 소멸하소서
나무천관조신○○○삼재일시소멸
나무지관조신○○○삼재일실소멸
나무수관조신○○○삼재일시소멸
나무화관조신○○○삼재일시소멸
나무년관조신○○○삼재일시소멸
나무월관조신○○○삼재일시소멸
나무일관조신○○○삼재일시소멸
나무시관조신○○○삼재일시소멸
나무천지, 수화, 년월일시 관조신○○○(이름) 삼재일시 소멸 옴급급 여율영 사바하

신장축원

천하신장, 지하신장, 천상옥경, 일광신장, 월광신장, 옥황상제, 백마신장, 동서남북, 오방신장, 팔만사천, 제대신장 산신으로 군웅소멸, 사해조정, 용군신장, 악귀 잡귀 검무신장, 말문신장, 전안신장, 육갑육정, 둔갑신장, 군웅신장, 도당신장, 당산신장, 부근신장, 이십팔수, 제후신상 수위에길위에 삼천병마 길아래 오천병마거느리고 산천명길. 내시여 ○○가 중에 ○○○누구드는 삼재 묵는 삼재 나는 삼재소멸을 시키시고 재수소망 생기시고 꿈자리 몽사를 걷우시고 드는삼재 묵는 삼재 나는 삼재소멸을 시키시고 재수소망 생기시고 꿈자리 몽사를 걷우시고 드는삼재 묵는삼재 나는삼재 소멸을 시키소서

각종 부정풀이 경

 동내방내 묵은부정 햇부정 드는부정 나는부정 해부정 내상분에 들던부정 외상문에 들던부정 진상문에 들던부정 염정 숨지어가든부정 넉지어 가던염정부정 울음소리 곡소리에 들려오는 부정 염정음아 육축에 살생에 피부정 해산부정 피부정, 음식끝에 물어온 부정 마포저포에 싸여 들던부정 무색 청색에 따라 들고 묻어들던 염정부정 건명대주 몸태부정, 곤명기주 몸태부정 슬하자손 몸태부정 ○씨에도 애동제자, 몸태부정 머리위로 넘나들던 부정 눈으로 보는 부정 귀로 들은 부정 피부로 느낀 부정 손으로 자작한 부정 발끝에 묻어들은 부정 옷자락에 쌓여들던 부정 문지방에 넘나들던 부정 터전 터왕으로 들던부정 성주대신전에 들던 부정 갑을방으로 들던부정 병정방으로 들던 부정 무기방으로 들던부정 경신방으로 들던부정 임계방으로 들던부정 육천전안 삼천진중으로 들던 염정부정 사자수비에 따라 들고 묻어들던 부정 염정은 원방으로 속거천리 하옵소서

표준제사상 차리기

운 행 법				삼살방
해묘미년	신자진년	사유축년	인오술년	
신유술	사오미	인묘진	해자축	
서방	남방	동방	북방	

삼 재 출 입 법				해년생 들어오는 해	묵는 해	나가는 해
사유축생 (뱀·닭·소)	해묘미생 (돼지·토끼·양)	인오술생 (범·말·개)	신자진생 (원숭이·쥐·용)			
해 (돼지) 년	사 (뱀) 년	신 (원숭이) 년	인 (범) 년	인 묘 (토끼)		
자 (쥐) 년	오 (말) 년	유 (닭) 년	묘 (토끼) 년	진 (용)		
축 (소) 년	미 (양) 년	술 (개) 년	진 (용) 년			

대장군방				
신유술년	사오미년	인묘진년	해자축년	
오방	묘방	자방	유방	
남방	동방	북방	서방	

상문방운행법	자년	축년	인년	묘년	진년	사년	오년	미년	신년	유년	술년	해년
	인방	묘방	진방	사방	오방	미방	신방	유방	술방	해방	자방	축방

제11장 의례서식

一. 부조금

1. 혼례축의금

```
         祝        華      婚
    一金    ○    ○      원整
           年      月      日
                ○  ○  ○     謹呈
       ○  ○  ○   貴下
```

```
결혼을 축하합니다.
금     ○    ○    원
        년    월    일
           ○    ○○드림

        ○  ○  ○   군
                        두분께
        ○  ○  ○   양
```

```
         ○      ○      ○      (※物目 또는 金額)
  두분의 백년가약을 축복드리오며 간소하나마 이로써 축하의
  뜻을 표합니다.
              년      월      일
                      ○      ○      ○ 근정

  신랑     ○      ○      ○씨   귀하
```

```
  ○    ○    ○          先生    宅
  令胤(또는 令愛)          婚姻時
  ○    ○    ○          (※物目 또는 現金)
              年      月      日
                        ○    ○    ○    謹呈
```

봉투에 쓰는 문구

축 결혼(祝結婚) 축 화혼(祝華婚) 축 성혼(祝聖婚) 축 성전(祝盛典) 축의(祝儀) 화촉성전(華燭盛典) 화촉지전(華燭之典) 초의(醮儀) 화촉의(華燭儀) 하의(賀儀) 연의(燕儀) 근의(菫儀)

2. 장례조의금

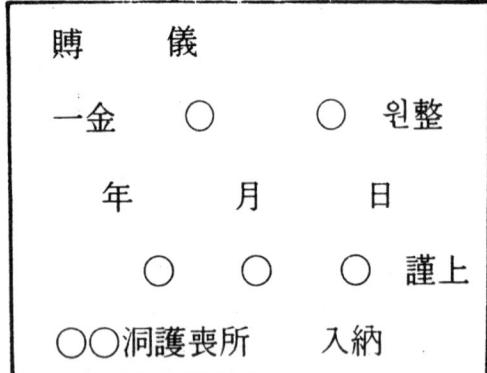

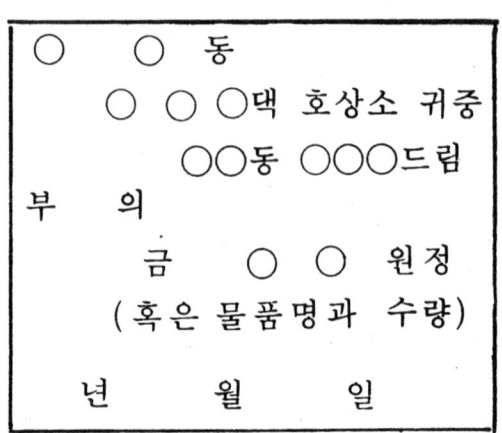

피봉서식(皮封書式)

(현금만 넣거나 단자를 넣는 봉투)   (단자가 없이 봉투만 사용할 때)

피봉에 쓰는 글귀

초상(初喪)＝吊儀(조의)·賻儀(부의) 화환(花環)인 경우＝謹吊(근조)

소대상(小大祥)＝奠儀(전의)·香燭代(향촉대) 혹은 微誠(미성·菲儀(비의)·薄儀·(박의)·菲品(비품)·略禮(약례)

3. 회갑 축의금

그의 아들에게 보낼 때

```
    祝      儀
  ○   ○   ○   氏
  椿堂(또는 慈堂) 壽宴時
     一金   ○   ○   원
         年    月    日
              ○  ○  ○  謹呈
```

당사자에게 보낼 때

김선생님께

상가 수연을 축하합니다.

○○○(기념품명)

　　　년　월　일

　　　　○　○　○　올림

당사자에게

```
   祝      壽   宴
  ○○○        (物目)
         年    月    日
              ○  ○  ○  謹呈
          ○  ○○  氏 尊下
```

단자를 써 넣을때

```
祝    壽    宴
    ○○○先生宅 吉宴所入納
```

봉투만 쓸때

```
祝    壽    宴
    ○○○先生宅 吉宴所入納
         (一金 ○○○원)
```

축하문구(祝賀文句)

◇ 축 수연(祝 壽宴) ◇ 축의(祝儀) ◇수의(壽儀) ◇숭의(崇儀) ◇ 경의(慶儀) ◇ 환갑을 축하하나이다 ◇ 회갑을 축하합니다 ◇ 수연을 축하하옵니다

二. 혼례서식
1. 사주서식(四柱書式)

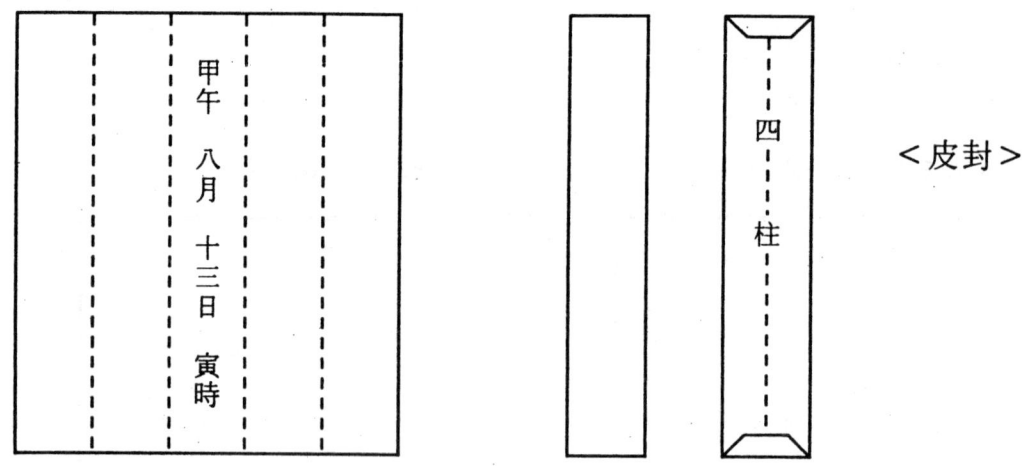

사성(四星)

　사성(四星)이란 곧 사주(四柱-年月日時)로써 남자 집과 규수집 사이에 혼약이 이루어지면 남자집에서 사성(四星)을 보낸다.　옛날에는 사주(四柱)만을 써서 중매인 혹은 자제(子弟)를 시켜 보냈는데 庚戌年(上元) 이후로는 사주보낼때 소위 사주저고리라 하여 다른 보에 싸서 보냈고 형재에는 치마 저고리 1벌 혹은 2벌을 사주와 같이 보내기도 한다.　이 사주를 받으면 절대적인 혼약이 이루어진 셈이다.

　사주(四柱)쓰는 법은 다음과 같다.
　① 종이는 깨끗한 백지(白紙-窓戶紙)를 사용한다.
　② 규격은 일정치 않으나 대략 가로 35㎝에 세로 25㎝ 정도면 적당하다.
　③ 글씨는 먹을 갈아 붓으로 바르게 쓰는데 위 보기와 같이 신랑의 年月日時을 쓴다.
　④ 위 보기와 같이 五間(點線)으로 접는다.
　⑤ 피봉은 五간으로 접은 것이 들어갈 수 있도록 적당히 만드는데 역시 깨끗한 백지를 사용한다.
　⑥ 사주보(四柱褓)는 안팎 청홍색으로 만들되 안은 청색 거죽은 홍색이 되도록 싼다.

2. 연길서식(涓吉書式)

연길(涓吉)　신랑집에서 사주(四柱)와 같이 위와 같은 서신을 보내면 신부집에서는 대례일(大禮日)을 가려 신랑집에 보내는데 이것을 연길(涓吉)이라 한다.
연길(涓吉)하여 보내는 서식은 다음과 같다.
　① 연길(涓吉)쓰는 종이도 사성지(四星紙)와 같이 깨끗한 백지(高級窓戶紙)를 사용한다.

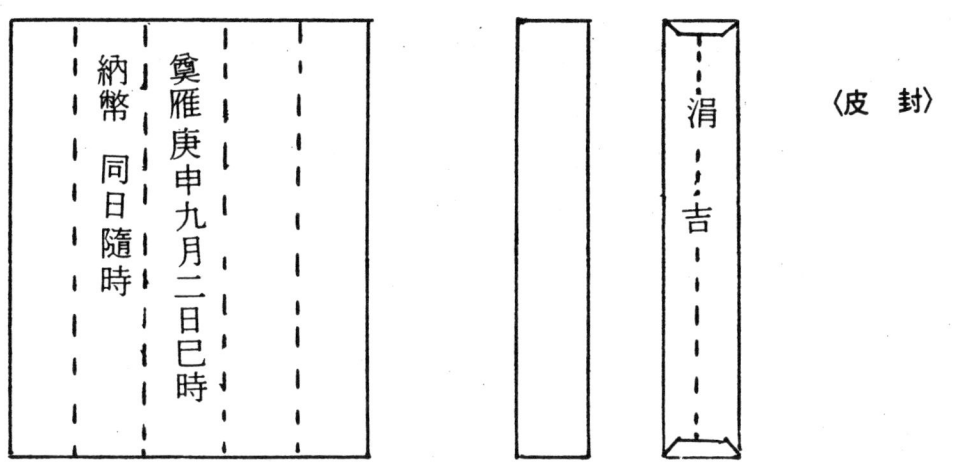

② 종이 규격은 사성지보다 작게 하는바 가로 30cm에 세로 25cm 정도면 적당하다.

③ 연길쓰는 종이도 五間으로 접는다.

④ 피봉은 역시 접은 종이가 들어갈 수 있을 정도로 하고 전면에 「涓吉」이라 쓴다.

3. 납폐서식(納幣書式一婚書紙)

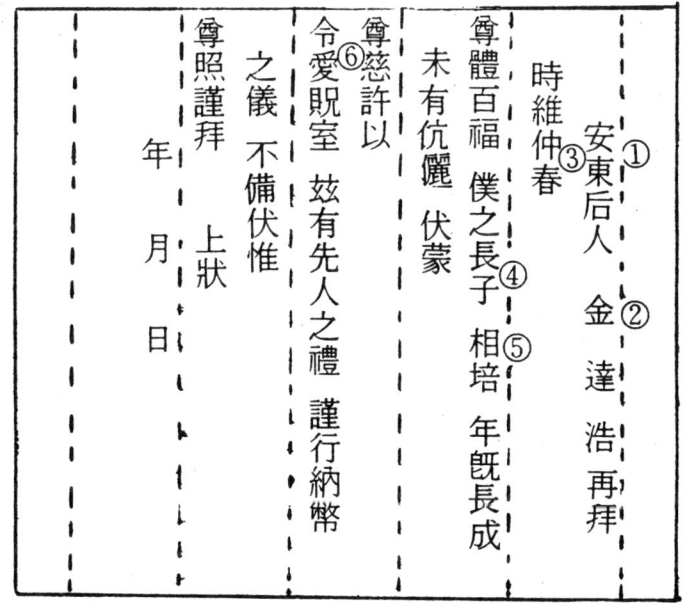

○ 납폐서(納幣書一婚書紙一아래에 書式이 있음) ○ 채단함(綵緞函一靑紅色으로 각 一감씩 넣는데 부유층에서는 그 以上을 넣고 반지 패물등속도 이 함속에 넣어보낸다) ○ 관대함(冠帶函一紗帽·幅巾·冠服·帶·黑靴·木雁 등을 넣은 함)

납폐서(納幣書一婚書紙)

종이는 사성지(四星紙)와 같이 깨끗한 백지(白紙一高紙窓戶紙)를 사용하되 넓이 45cm에 길이 33cm정도로 하여 먹을 갈아 붓글씨로 위 서식과 같이 쓴다.

①은 本貫으로 경주김씨라면 慶州後人, 安東崔氏라면 安東後人이라 쓴다.

②는 신랑집 주혼자(主婚者)의 성명을 기록한다.

③은 절기(節氣)에 따라 변통하여 쓰는바 仲春, 孟春盛夏 菊秋 등으로 고쳐 쓴다.

④는 주혼자와의 관계로서 혼인할 신랑감이 아들이면 「長子」·「次子」「三子」등으로 쓰고 조카면 「侄」 동생이면 「弟」로 쓴다.

⑤는 신랑의 이름(姓은 쓰지 않음)

⑥은 신부감이 그집 주혼의 딸이면 「令愛」 손녀면 「令孫女」 동생이면 「令妹」 윗누이면 「令姉」 질녀면 「令姪女」라 쓴다.

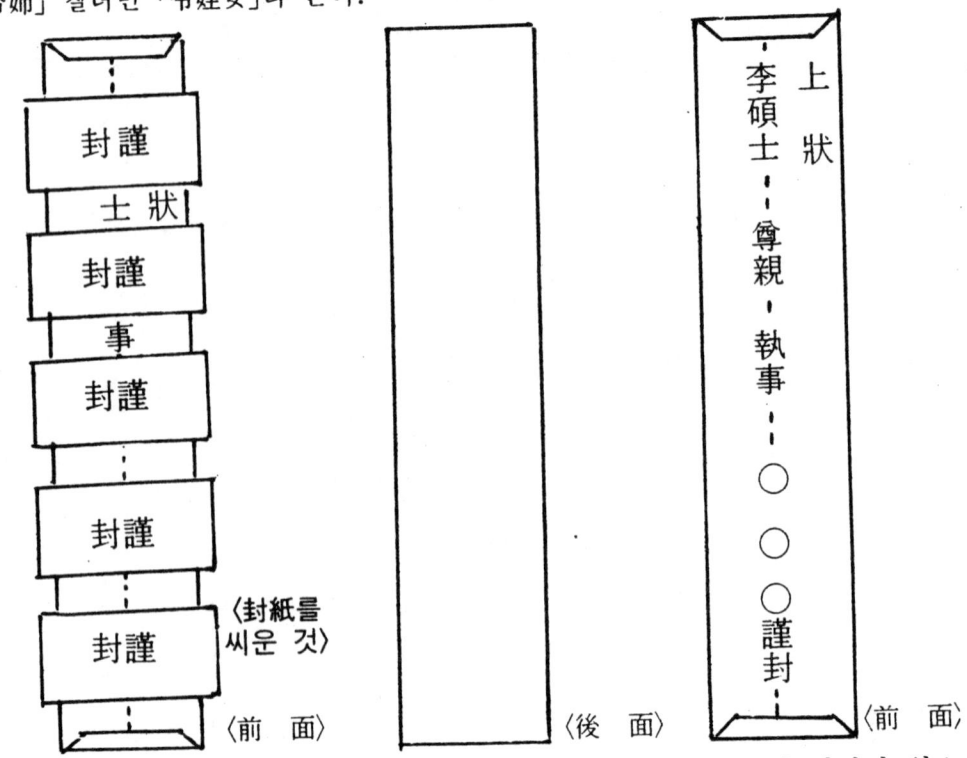

신부집=① 신부에게도 당일 이른아침(밝을부렵)에 사당에 고유하는데 사당이 없으면 집에서 고조이하(高祖以下)의 지방을 써 붙이고 제사를 올린다.

② 사처(舍處)를 정해논다. 신랑이 초례식 전에 쉬도록 하는 장소로서 신부집 가까운 집에 깨끗한 방을 치워두고 신랑이 도착하면 우선 그곳으로 인도한다.

③ 신부집에서는 초례식 준비를 하는바 차일도 치고 초례상도 준비하여 시간이 되면 초례식을 거행하기에 불편이 없도록 한다.

납폐(納幣) 풍속에 납채(納采)라고도 한다. 신랑측에서 신부집에 도착하여 함진아비가 채단함(采緞函)을 지고 초례청에 나아가면 신부집 하님(시중꾼)이 받아들고 들어가는 행사이다.

三. 장례서식

1. 치장 제축문(治葬諸祝文)

치장(治葬)이란 발인(發靷)하여 무덤을 쓰는데 까지의 절차를 말한다.

옛날에는 「경대부(卿大夫)는 삼월장(三月葬)으로 하고 사서인(士庶人—보통 신분)은 유월장(踰月葬——月은 넘겨)이라」하였으나 지나친 폐단이고 지금은 대개 三일장 혹은 五日장이 대부분이고 빠른 경우 二일장도 하고 또 늦으면 七일장도 한다.

고유축(告諭祝)

장지(葬地)를 정하면 곧 망인의 영구(靈柩)앞에 고유(告諭)한다.

```
今日得地於○郡○面○里○山  (※葬地가 先塋局內면 마땅히「先
○ 坐之原 將以 ○ 日襄奉   塋下」의 3자를 넣어야 한다
敢告                    (※合葬이면 다만 將以 ○日
                        合窆于先妣某貫氏之墓라 한다)
                        혹은 先學學生府君之墓라 한다.
```

고유축(告諭祝)

당일고사(當日告辭)＝발인하는 당인 궤명(厥明—동이 트일무렵)에 영구전(靈柩前)에 고유하는바, 금일 장차 발인식을 행하겠노라 여쭈는 뜻이다.

```
永遷之禮 靈辰不留今奉柩 車式遵祖道
```

고축(告祝)

천구취여(遷柩就轝)＝발인식을 올릴 시간이 되면 영구(靈柩—즉 棺)을 운반하여 상여로 옮기는 절차로서 즉 집사자(執事者)가 영구앞에 놓인 전상(奠床) 및 향한(香案)등을 철수하고 축관(祝官)이 꿇어앉아 다음과 같은 축(祝)을 읽는다.

```
今遷柩就轝敢告
```

발인축(發靷祝)

발인제(發靷祭)＝발인제란 지금의 말로 영결식(永訣式)이다. 상여 앞에 젯상과 향안(香案)을 놓은 뒤 젯상위에 주과포(酒果脯)등의 제물(祭物)을 진설한다. (대개 메

와 죽은 쓰지 않고 떡(餠)을 올린다)

발인제 절차는 분향재배(焚香再拜)하고 단잔(單盞)을 올린다. 이어 발인축(發靷祝)을 읽고 상주이하 복인들은 차례로 서서 마지막 떠나는 분의 이별로 슬피운다.

이때 읽는 발인축은 다음과 같다.

영이 기가 왕즉유택   재진견례 영결종천
靈輀旣駕 往即幽宅 載陣遣禮 永訣終天

산신축(山神祝—斬草破土祝)

파토전(破土前) 고유

장지(葬地)가 정해지면 역군(役軍)들과 제관(祭官) 몇 사람은 먼저 묘소(墓所)에 가서 산신제(山神祭) 및 선영(先塋)에 고유제(告諭祭)를 지낸 뒤 산역(山役)을 시작해야 한다. 만일 합폄(合窆)인 경우에는 선장위(先葬位—먼저 쓴 묘)에도 고유해야 한다.

산신제 지내는 절차는 ○ 주과포(酒果脯)등을 진설한 뒤 ○ 분향재배(焚香再拜)하고 ○뇌주재배(酹酒再拜—술을잔에 반쯤 딸아 土地之神 패 앞에 조금씩 세번으로 다 딸아버린 뒤 재배하는 것)하고 ○ 독축(讀祝)—잔에 술을 가득 부어 제주(祭酒)해서 상(床)에 올린 뒤에 모두 꿇어앉아 축을 읽는다 ○ 일동재배하고 철상한다.

유세차 (太歲)(몇)월 初一日日辰 삭 (몇)일 (日辰) 유학 (성명) 감소고우
維歲次○○ 某月○   ○ 朔○日○ ○幼學 ○○○ 敢昭告于
토지지신 금위학생 (本貫)(姓)공 영건택조 신기보우 비무후간
土地之神 今爲學生 密 陽 朴公 營建宅兆 神其保佑 俾無後艱
근이 청작포해 지천우 신상 향
謹以 淸酌脯醢 祇薦于 神尙 饗

※ 幼學下 ○○○는 분향자의 성명을 쓴다. ○學生密陽朴公은 만일 여자라면 孺人慶州金氏로 바꿔쓴다. ○營建宅兆—合窆인 경우는 營建宅兆라 하지 않고 合 干貫某氏之墓 혹은 合窆于某官某公之墓라 쓴다. ○干支某月干支朔某日干支는 가령 庚申年 三月五日이 葬日이라면 維歲次庚申三月戊午朔初五日壬戌이라 쓴다. 즉 太歲의 干支와 葬月과 그 月의 初一日 日辰과 葬日과 葬日의 日辰을 쓴다.—以下 모든 祝文도 모두 此例에 依하고 再 說明을 略한다.

선영축(先塋祝)

장지(葬地)가 선영국내(先塋局內)에 될때 한해서만 선영 최존일위(最尊一位)에게만

주과포(酒果脯)등을 진설하고 단잔(單盞)으로 제를 올린다. 이때 읽은 축은 선영국 내가 아닐 경우에는 해당되지 않는다. 아래와 같다.

```
    유세차(太歲)    (몇)월  (初一日日辰)  삭(몇)일(日辰)
維歲次○○   ○月    ○    ○ 朔○日 ○○

      (몇) 대손(이름) 감소고우
      ○ 代孫 ○○ 敢昭告于

   현(몇) 대조고학생부군
顯 ○ 代祖考學生府君 (벼슬이 있으면 學
                    生을 官名로)

   현(몇) 대조비유인 (本貫)  (姓)씨지묘
顯 ○ 代祖妣孺人 ○○  ○氏之墓(이는 考妣 合葬일 경우이고 考
                              位만 있으면 考位만 쓴다)

   금위(몇)대손(이름)  영건택조
今爲 ○ 代孫 ○○ 營建宅兆(合窆이면 合窆干○氏孫
                        婦○○○氏之墓라 改書)

   근이주과 용신  건고근고
謹以酒果 用伸 虔告謹告
```

先塋의 代數는 喪主와의 代數를 計한다. 令爲下 ○代孫은 先塋과 亡人과의 代數요 ○代孫下○○는 亡人의 名을 쓴다 ○合窆인 경우 先葬位가 考位이고 亡人이 妣位라면 合窆干○代孫○○之墓라 쓴다.

선장위축(先葬位祝)

새로 一位만 쓰는 무덤이 아니고 먼저 쓴 고위(考位)나 비위(妣位)의 묘에 합장(合葬)하게 될 경우에는 반드시 합협하려는 그 묘에 미리 주과포등을 진설한 뒤 분향재배 하고 단잔(單盞)으로 제를 지내며 고유축을 읽어야 한다. 합장이 아닐 경우는 이 축도 필요치 않다. 선장위(先葬位)에 고유하는 축은 다음과 같다.

〈考位先葬位〉

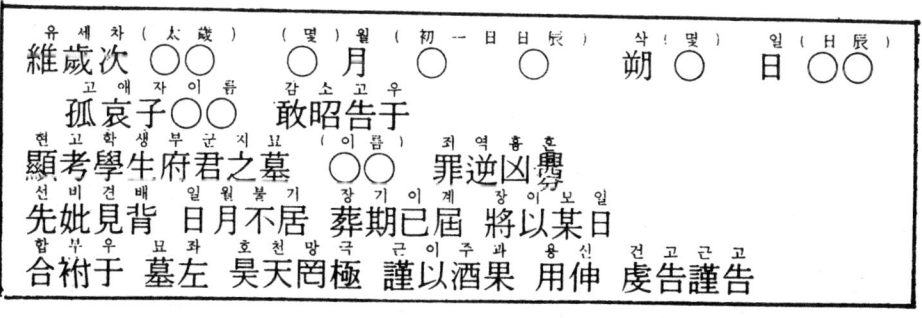

〈妣位先葬位〉

```
유세차(太歲)    (몇)월  초(一日比辰)     삭(몇)    일(比辰)
維歲次 ○○    ○月  ○  ○       朔○  日 ○○
   고애자이름    감소고우
孤哀子○○   敢昭告于
 현고학생부군지묘  (이름)  죄여흉흔
顯考學生府君之墓  ○○   罪逆凶舋
 선비견배  인월불거  장기이계  상이모일
先妣見背 日月不居 葬期已屆  將以某日
 합부우 묘좌  호천망극  근이주과  용신  건고근고
合附于 墓左 昊天罔極 謹以酒果 用伸 虔告謹告
```

○罪逆凶舋−傍親과 俾幼는 위 4字를뺌. 昊天罔極−虞祭祝과 같이 고쳐 쓴다.

　초상이 나서 장례를 모실때 먼저 쓴 考位나 妣位의 구묘(舊墓)를 새로 쓰는 묘에 옮겨 같은날에 합장하는 경우가 있다. 이럴때는 먼저 구묘를 파기 전에 구묘 앞에 주과포 등을 진설해놓고 역시 단잔을 부어 분향재배한 뒤 다음과 같은 축을 읽고 봉분(封墳)을 헐어내야 한다.

구묘(舊墓)를 신묘(新墓)로 옮기는 축

```
유세차(太歲)    (몇)월  초(一日比辰)   삭(몇)   일(比辰)
維歲次 ○○    ○月  ○  ○    朔○ 日 ○○
   고애자(이름)   감소고우
孤哀子○○   敢昭告于
 현비유인 (本貫)(姓)씨    (※舊墓가考位)   지묘  금장  개장우
顯妣孺人○○ ○氏 ( 면 顯考學生府君 )之墓 今將 改葬于
 현고학생부군 (※新葬이妣位면이)        지묘  행합  장시례
顯考學生府君 ( 를 顯妣孺人○○○氏 )之墓 行合 葬之禮
 감선파분  복유존영  부진불경
敢先破墳 伏惟尊靈 不震不驚
```

평토제축(平土祭祝 祭題主祝)

평토제(平土祭)

　평토제는 주과포(酒果脯)등을 진설하고 지내는데 그 절차는 분향재배(焚香再拜), 뇌주재배(酹酒再拜) 제주(祭主) 독축(讀祝) 일동재배(一同再拜)로 산신제와 같이 단잔(單盞)으로 올리며 축을 읽은 뒤 상주 이하는 곡한다.

```
유세차(太歲)    (몇)월  초(一日比辰)   삭(몇) 일(比辰)
維歲次 ○○    ○月  ○  ○   朔○ 日 ○○
  고자(이름)  감소고우
孤子○○   敢昭告于
 현고학생부군      형귀둔석   신반설당
顯考學生府君(※隨稱)形歸窀穸 神返室堂
 신주미성  혼백잉존  복유
神主未成 魂帛仍存 伏惟
 존령   시빙시의
尊靈 是憑是依
```

○孤子 — 어머니가 살아계신 경우 부친상에 孤子(고자)라 하고, 반대로 아버지가 살아 계신 모친 상에는 哀子(애자)라 하며 부모님이 다 돌아가시면 (부상이던 모상이던 孤哀子(고애자)라 한다. ○顯考學生府君 — 모친 상이면 顯妣孺人○○○氏라 쓴다. ○神主未成 魂帛仍存 — 옛날 신주(神主)가 있었을 때는 그냥 神主旣成 伏惟 尊靈舍舊從新 是憑是依(신주기성 복유 존령 사구종신 시빙시의)라 하였지만 지금은 신주가 거의 없다. 그래서 위축과 같이 神主未成 魂帛仍存 伏惟 尊靈 是憑是依(신주미성 혼백잉존 복유 존령 시빙시의)로 고쳐섰다.

산신축(山神祝)

이 축은 평토제를 지내고 성분(成墳 — 무덤을 완전히 만듦)한 뒤에 산신께 그 묘를 보호해 달라는 의미에서 주과포 등을 진설해놓고 제(祭)를 올릴때 읽는 축이다.

```
維 歲次○○ ○月○ ○ 朔○日 ○○幼學○○○
        敢昭告于
土地之神 今爲學生 ○○ ○公
神其保佑 俾無後艱 謹以淸酌庶羞 祗薦于 神尙 饗
```

四. 제사와 차례

제사와 차례의 차이점

- 신위(지방)의 수효가 다르다. 제사는 당자와 그 배우자만 모시고, 차례는 4대조까지의 선조를 다 모신다.
- 차례에는 메(밥)를 올려놓지 않는다.
- 차례는 추석이나 설날 아침에, 제사는 당사자가 세상떠난 전날 저녁에 지낸다.

제사와 차례의 상식

- 제사 당일은 가요, 소란, 농담 등을 삼간다.
- 제수는 한번 쓴 것은 쓰지 않으며 숫음식을 하도록 하고 담을 때 떨어진 것은 쓰지 않는다.
- 가난하여 제사를 못지내더라도 당일에 빨래를 해서는 안된다.
- 제상에 놓는 수저는 은수저를 쓰지 않는다.
- 제사지내기 전에 빨래줄을 풀어 놓아야 한다.

- 제사지내기 전에 대문을 열어 놓아야 한다.
- 붉은 계통의 속옷이나 겉옷을 입지 않는다.
- 장례를 모시고 사흘되는 날 첫 성묘를 하고 나면 조객에게 글월로 인사를 드린다. 父喪에는 孤子라고 쓰고 母喪에는 哀子라고 쓰며, 부모가 다 돌아가신 경우에는 孤哀子라고 쓴다.

제사상 차리는 법

	촛대		지방		촛대	
		메 갱	수저	메 갱		
5열(메, 갱)	면	잔		잔	청	편
4열(적)	전	육적	계적	어적	전	
3열(탕)		육탕	소탕	어탕		
2열(찬)	포	김 나물	나물	나물 간장	김치	식혜
1열(과일)	대추	밤	감	배	호두	다식 약과

퇴주그릇　술병　향안　향로　향합　모사그릇

- 첫줄에는 과실과 조과를 홀수로 놓는다.
  紅東白西라 하여 붉은 과일은 동쪽에 흰 과일은 서쪽에, 조율시이(棗栗柿梨)라 하여 대추, 밤, 감, 배의 순으로 놓는다.
- 복숭아, 뱀장어, 씨없는 과일 등은 올리지 않는다.
- 둘째줄에는 나물을 놓는데, 좌포우혜(左脯右醢)라 하여 왼쪽에 포, 오른쪽에 식혜를 놓는다.
- 세째줄에는 탕을 놓는다.
- 네째줄에는 적(炙)과 전(煎)을 놓는다.
  적은 불에 굽거나 찐 것. 전은 기름에 지진 것을 말한다.
  魚東肉西라 하여 어류는 동쪽에 육류는 서쪽에 놓고 東頭西尾라 하여 생선의 머리는 동쪽, 꼬리는 서쪽을 향하여 놓는다.
- 지방앞에 왼쪽에는 메(飯)를, 오른쪽에는 갱(羹)을 놓고 메와 갱사이에 잔을 놓으며 왼쪽에 면류, 오른쪽에 떡을 놓는다.
- 촛불은 메줄 양쪽 켠다.

1. 제례 절차

1. 제수진설(祭需陳說) 그림과 같이 상을 차린다.
2. 신위봉안(神位奉安) 사진, 또는 지방을 모신다.
3. 참신(參神) 모두 신위앞에 재배한다.
4. 강신(降神) 제주가 분향한 후 모사에 술을 붓고 재배한다.
5. 헌작(獻爵) 술잔을 올린다.
6. 독축(讀祝) 축문을 읽는다.
7. 삽시(揷匙) 메(밥)에 수저를 꽂는다.
8. 합문(闔門) 방 문을 닫고 나온다.
9. 계문(啓門) 제주가 기침을 세번 한 후 문을 열고 다시 안으로 들어간다.
10. 헌다(獻茶) 제상 위에 놓인 국을 내려놓고 숭늉을 올린다.
11. 철시복반(撤匙復飯) 신위께서 음식을 다 잡수셨다고 간주하여 수저를 거두고 메그릇을 다시 덮는다.
12. 사신(辭神) 제사를 마친 후 신위를 전송하는 의식. 모두 재배한다.
13. 신위봉환(神位奉還) 상위의 제수를 뒤에서부터 물린다.
14. 음복(飮福) 제사가 끝난 후 온가족이 모여앉아 음식을 먹는다.

2. 지방서식

- 조부모(祖父母)의 지방 쓰는 법
- 부모(父母)의 지방 쓰는 법

| 顯祖妣某封某氏　神位 | 顯祖考某官府君　神位 | 顯祖妣孺人某氏　神位 | 顯祖考學生府君　神位 | 顯妣某封某氏　神位 | 顯考某官府君　神位 | 顯妣孺人某氏　神位 | 顯考學生府君　神位 |

• 남편(男便) 처(妻)의 지방 쓰는 법

亡室孺人某氏
顯辟學生府君
　　神位

亡室某封某氏
顯辟某官府君
　　神位

현대 지방문
• 부모의 경우

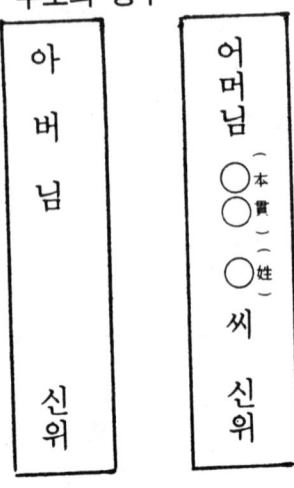

아버님　신위

어머님 ○○(本貫) ○(姓)씨　신위

• 합사하는 경우

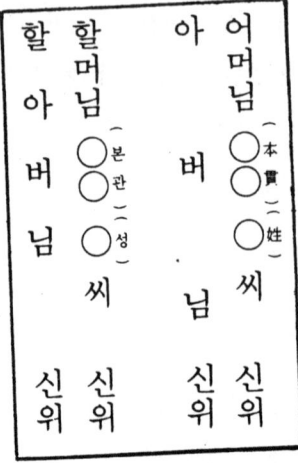

할아버님 ○○(본관) ○(성)씨　신위

할머님 ○○(본관) ○(성)씨　신위

아버님　신위

어머님 ○○(本貫) ○(姓)씨　신위

• 배우자의 경우

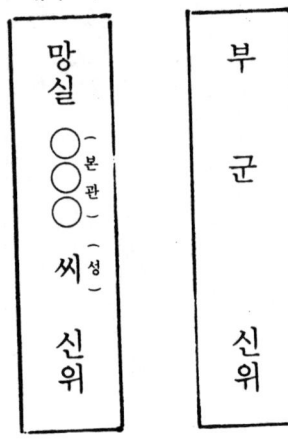

망실 ○○○(본관) (성)씨　신위

부군　신위

• 절사의 경우

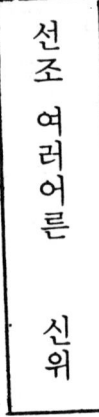

선조 여러어른　신위

3. 기제일축문

- 부모기일축(父母忌日祝)

```
維歲次○○  ○月  ○○朔○日○○ 孝子○○
 (유세차)(태세)(몇)(월)(초ㅡ하룻날)(삭)(몇)(일)(날짜)(효자)(이름)
敢昭告于
(감소고우)
顯考學生府君
(현고학생부군)
顯妣孺人 ○○ ○ 씨 (※母親生存  ) 歲序遷易
(현비유인)(본관)(성)    (이면不用 )  (세서천역)
顯考 (※母親忌 ) 顯妣 (※單位祭祀) 諱日復臨 追遠感時 昊天罔極
(현고)(日이면으로쓴다)(현비)(이면쓰지않음)(휘일부임)(추원감시)(호천망극)
謹以淸酌庶羞 恭伸奠獻尙 饗 (※올려 쓰거)
(근이청작서수 공신전헌상 향)  (나 떼어 쓴다)
```

〈참고〉

(※어머니가 살아계신 경) 顯考學生府君 歲序遷易 諱日復臨 云云…한다
(우 아버지 기일이면)

(※부모가 다 돌아가) 歲序遷易 顯考 諱日復臨……한다
(신 경우 부친 忌日이면)

(※부모가 다 돌아가) 歲序遷易 顯妣 諱日復臨……이라 쓴다
(신 경우 모친 忌日이면)

○그런데 이런 경우가 있다. 부친이 살아게신 모친(母)의 기제(忌祭)에 관한 문제인데 원칙상 부친이 살아게시면 모친의 제사는 부친(어머니로서는 남편)이 제주(祭主)이다. 그러므로 축(祝)도 부친앞으로(즉 아내의 忌祭祝)으로 쓰기 때문에 모친 단위축(單位祝)은 있을 수 없다. 그러나 부친의 집에 게서 제사를 참석할 수 없거나 기타의 사정으로 인해 그 아내의 제사에 참여하지 못할 경우 그 자식에게 위임하여 행사(行事)토록 한 때는(자식에게 직접 부탁하지 않더라도 자연적으로 대리 시킨 것이 된다) 제주(祭主)가 부친이므로 축도 부친 앞으로 써야 되지만 만약 부진이 살아게시더라도 행방불명이 되었거나 아주 먼 곳으로 가서 도저히 그 아내의 제사에 참여할 수 없을 때는 그 아들이 모친 제사를 직접 받드는 것이 되어 축도 모친단위축을 써야 된다. 이런 경우는 다만 顯妣孺人○○○氏 歲序遷易 諱口復臨…………이라 써야 한다.

현대기축문

- 부조의 경우

```
                              년    월    일
```
아들(또는 손자)○○는 아버님(또는 할아버님) 신위전에 삼가 고하나이다.

아버님(또는 할아버님)께서 별세하시던 날을 다시 당하오니 추모의 정을 금할 수 없읍니다.

이에 간소한 제수를 드리오니 강림하시와 흠양하시옵소서.

① 양위를 합설할 경우에는 점선의 부분에 열기한다.
② 어머니·할머니의 경우는 위에 준한다.

• 아내의 경우

```
                              년    월    일
```
남편○○○는 당신의 신위 앞에 고합니다.

당신이 별세하던 날을 다시 당하니 옛생각을 금할 수 없읍니다.

이에 간소한 제수를 드리오니 흠양하소서.

※ 자손이 없이 상실한 경우에는 아내가

제주가 되고 축문은 위에 준한다.

五. 비문(碑文)

• 비문 쓰는 법

[單位碑] 〈가〉

※ 前面 — 學生(본관)○○(성)○○公(이름)○○之墓

※ 後面 — 配位墓在○郡○面○里前麓子坐 年 月 日 立 子 ○○ ○○

[單位碑] 〈나〉

※ 前面 — 孺人(본관)○○(성)○○氏之墓

※ 後面 — 乾位墓在○郡○面○山坐 年 月 日 立 子 ○○ 孫 ○○

※ 前面은 楷字로 크게 쓰고 後面은 前面의 글씨보다 훨씬 작게 쓴다. 그리고 後面에 子와 孫을 있는대로 列書해도 좋다.

○乾位는 公墓라고도 쓴다.

[兩位碑]

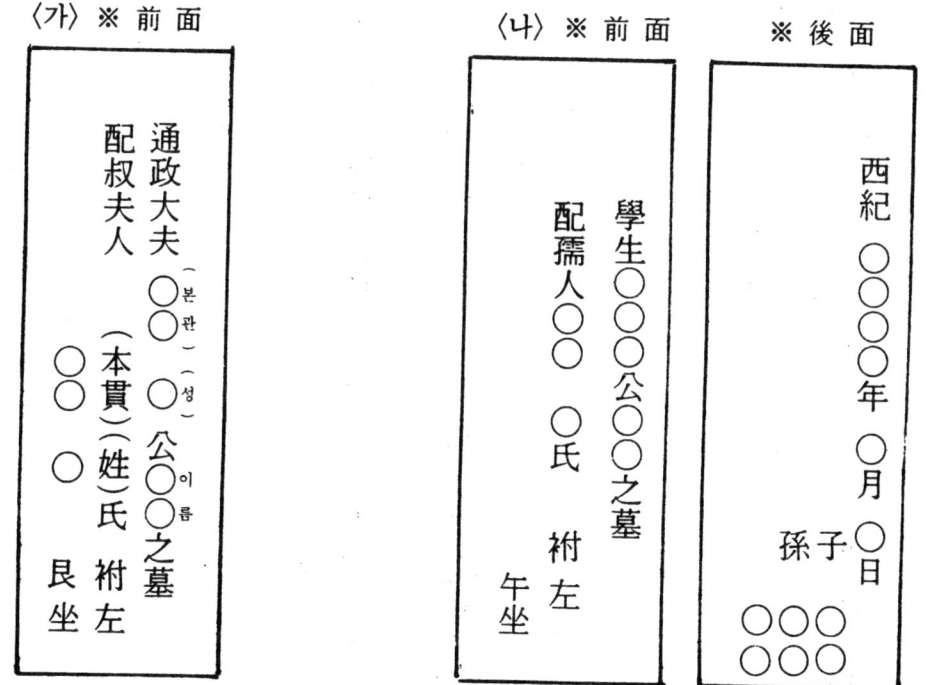

※ 年 月 日은 立石日字인데 年月日과 子孫의 이름은 작은 글씨로 비석 後面에 쓰기도 하고 혹은 비석 側面에 쓰기도 한다.

• 사초·입석겸축(莎草·立石兼祝)

사초(莎草)도 하고 석물(石物)도 겸하여 새운 뒤에 고유하는 축이다.

```
                유세차(太歲)     (몇)월   (初一日비辰)    삭(몇)일(비辰)   효자(이름)
            維歲次 ○○    ○月    ○       朔○日 ○○   孝子○○
  감소고우
敢昭告于
     현고학생부군지묘    일월유구   묘지붕괴    자이길신   개봉사토   잉립석물
顯考學生府君之墓  日月愈久  墓址崩壞  玆以吉辰  改封莎土  仍立石物
    이표영역    근이      청작포해    용신전헌상   향
而表營域 謹以 淸酌脯醢 用伸奠獻尙 饗
```

六. 상량서식(上樑書式)

한글서식

욜 기사유월이십일일 사시상량 (비인간지오복 웅천상지삼광) 구

龍 己巳六月二十一日 巳時上樑 (應天上之三光 備人間之五福) 龜

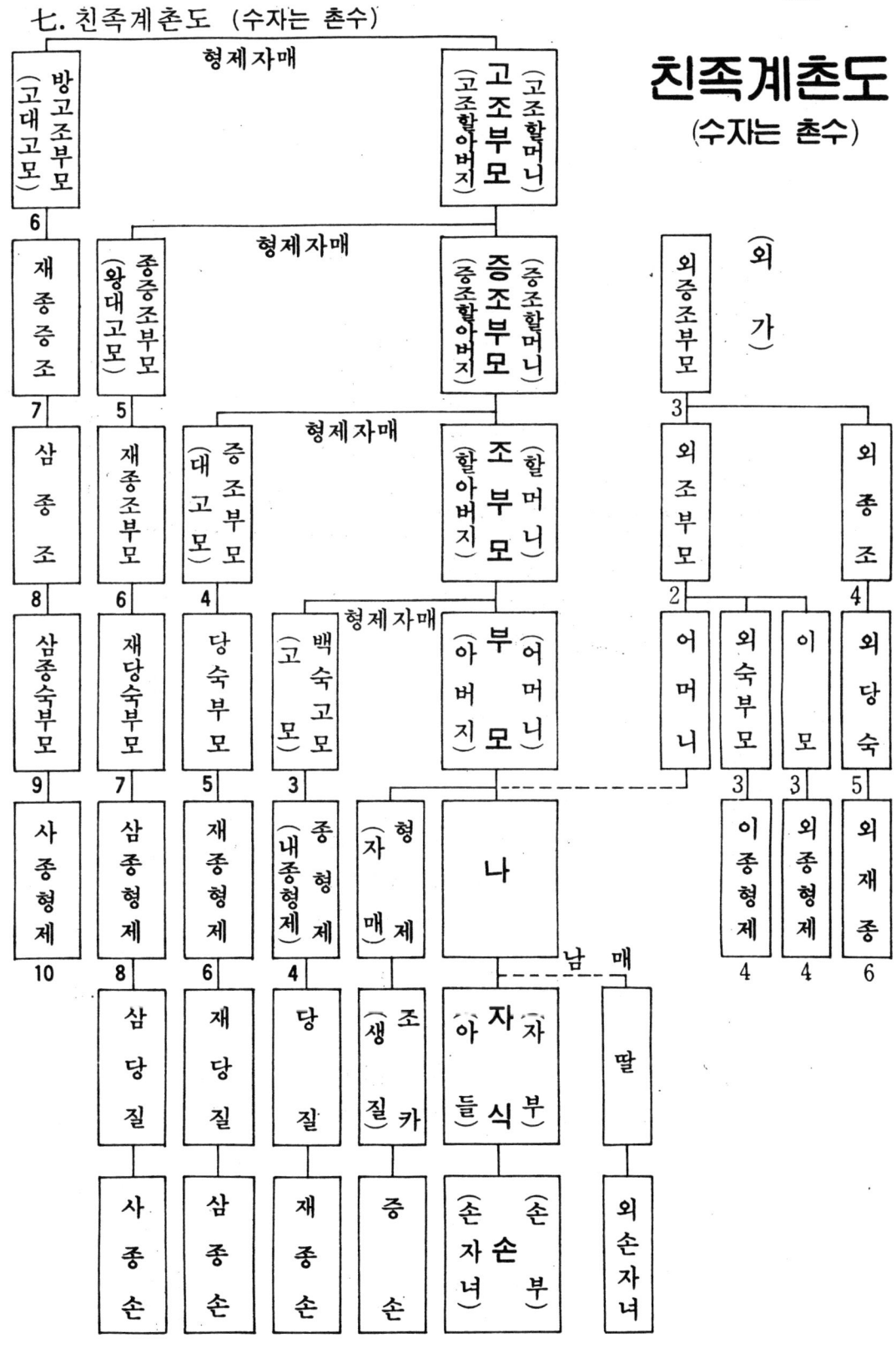

판 권
본 사

육갑전서(六甲全書)　　　　　값 17,000원

1990년　1월 20일 발행
2002년　2월 20일 개정증보판 발행
2004년　2월 10일 발행
2015년　3월 20일 발행

　감　　수　김 진 천
　편　　자　박 일 현
　발 행 인　안 영 동
　발 행 처　출판사 동양서적
　　　　　　경기도 안성시 일죽면 어리실길 53-26
　　　　　　전화 (031) 672-4710~1
　　　　　　팩스 (031) 672-4779

　등 록 일　2013년 3월 18일
　등록번호　110-98-97906

ISBN 89-7262-009-2　03180